新时代
〈营销〉
新理念

AI 电商

技术赋能与商业新生态

文迪◎著

清华大学出版社
北　京

内 容 简 介

随着电商行业的蓬勃发展，AI 正逐步渗透并重塑电商领域的各个环节。本书深入探讨 AI 电商的崛起背景及其背后的驱动力，从预测、选品、产品设计、创意生成、营销、数字人、导购、供应链、客服、用户管理等角度全方位剖析了 AI 如何多维度赋能电商行业。

借助丰富的理论与翔实的案例，本书揭示了 AI 在提升流量价值、优化消费体验以及挑战"不可能三角"（成本+效率+质量）等方面的巨大潜力，同时展现了 AI 在辅助与取代人工、形成新质生产力等方面的重要作用。无论是电商从业者还是关注 AI 商业落地应用的人，都能从中获得有益的启示与参考。

图书在版编目（CIP）数据

AI 电商：技术赋能与商业新生态 / 文迪著. --北京：清华大学出版社，2025. 8.
(新时代·营销新理念). -- ISBN 978-7-302-70047-0

Ⅰ. F713.365.2

中国国家版本馆 CIP 数据核字第 2025UM4057 号

责任编辑：刘　洋
封面设计：方加青
版式设计：张　姿
责任校对：王荣静
责任印制：丛怀宇

出版发行：清华大学出版社
　　　网　　　址：https://www.tup.com.cn，https://www.wqxuetang.com
　　　地　　　址：北京清华大学学研大厦 A 座　　　邮　　编：100084
　　　社 总 机：010-83470000　　　邮　　购：010-62786544
　　　投稿与读者服务：010-62776969, c-service@tup.tsinghua.edu.cn
　　　质 量 反 馈：010-62772015, zhiliang@tup.tsinghua.edu.cn
印 装 者：大厂回族自治县彩虹印刷有限公司
经　　销：全国新华书店
开　　本：170mm×240mm　　　印　张：14.75　　　字　数：218 千字
版　　次：2025 年 9 月第 1 版　　　印　次：2025 年 9 月第 1 次印刷
定　　价：69.00 元

产品编号：109216-01

近年来，电商行业在经历了前期的蓬勃发展后逐渐步入存量时代，市场竞争愈发激烈，传统电商运营模式面临诸多挑战。AI 的出现，为电商行业带来了破局的希望。

传统电商模式依赖于人工分析市场趋势、制定营销策略、管理库存及优化物流，不仅耗时费力，还难以精准捕捉消费者的个性化需求。而 AI 不仅极大地提升了运营效率，还开启了个性化、智能化服务的新纪元。

通过深度学习和大数据分析，AI 能够实时洞察消费者行为，预测消费趋势，实现精准营销，使"千人千面"的个性化推荐成为可能。这不仅极大地提升了用户体验，也促进了商品转化率与销售额的双重增长，为电商平台带来了前所未有的商业价值。

AI 电商的兴起绝非偶然，它是时代大环境、电商体系、平台底层交互逻辑以及市场"玩家"等多方面因素共同作用的结果。从时代大环境来看，数字化浪潮席卷全球，消费者的购物习惯和消费需求发生了翻天覆地的变化。电商体系也在不断进化，从传统的线上购物模式向更加智能化、个性化方向转变。平台底层交互逻辑的变革，使消费者与商家之间的沟通和互动变得更加高效、精准。与此同时，市场"玩家"的多元化，无论是电商巨头的持续创新，还是新兴企业的异军突起，都为 AI 电商的发展提供了强大的推动力。

本书的核心在于系统阐述 AI 在电商运营全流程中的应用与价值。在预测方面，AI 能够实现从被动响应到主动预测的飞跃，通过收集和分析海量数据，精准把握市场趋势，为企业战略决策提供有力支持。在选品方面，AI 凭借智能竞品分析和高效的选品策略，帮助企业挑选出具有潜力的商品，提升销售成功率。AI 在产品设计、创意生成、营销推广、供应链管理等诸多方面都展现出巨大优势，能够显著提升效率、优化用户体验、降低成本。

然而，AI 电商也面临诸多挑战。技术的快速迭代要求从业者不断学习和适应新的变化，数据安全和隐私保护是不容忽视的问题，市场和消费者接受 AI 技术也有一个必然的发展过程，并非一蹴而就。但这些挑战只是暂时的，随着技术的不断成熟和行业规范的逐步完善，AI 电商必将迈进全新的发展阶段。

本书参考了大量的行业报告、学术研究及实际案例，力求为读者呈现最真实、最前沿的 AI 电商发展动态。希望本书能够成为读者了解 AI 在电商各场景中落地的指南，在这个充满机遇与挑战的领域中找到前行的方向。相信无论是初涉电商行业的新手小白，还是经验丰富的行业专家，都能从本书中汲取到知识和灵感。

展望未来，AI 技术必将继续引领电商行业发展进化。希望与读者们一同见证 AI 电商的崛起。

目录
CONTENTS

第3章 AI 预测：为运营与获客带来质变 / 041

第8章 AI 数字人：依靠虚拟分身无限圈粉 / 123

AI

第 1 章

AI 电商：AI 破局电商存量时代

随着电商行业的迅猛发展，我国电商市场已逐步从增量市场转变为存量市场，面临增长放缓的挑战。在此背景下，电商企业亟须寻找新的发展路径，以应对市场竞争和长远发展的双重压力。AI技术的应用为电商企业指明了新的方向。通过对营销、物流等关键环节的优化，AI电商有望助力企业在存量时代实现新的突破和增长。

技术引领了生产力发展，改变了生产关系，推动了商业模式重塑。曾经，互联网技术的发展催生了"电商"这个概念。而当前，AI技术正以独特的方式，为电商行业带来前所未有的变革。这是我们放眼未来，期待AI电商开启新篇章的基础。

1.1 新时代的电商之变

随着时代的发展，电商行业迎来新的变化。我们可以从宏观环境、电商体系、平台底层交互逻辑、市场"玩家"等多方面感知到相应的变化。

1.1.1 时代大环境之变

从外部环境来看，经济、社会、技术、政策方面都有一些值得关注的变化，这些变化对电商的发展产生了深远影响。

1. 经济方面

在市场消费方面，随着收入水平的不断提升，消费者对商品和服务的需求也在逐步升级。他们不再仅仅满足于基本的生活需求或商品的基本功能，而是更注重品质和体验。同时，消费者的个性化需求也日益凸显，希望能够在购物中获得个性化体验。这促使电商企业不断优化服务，为消费者提供更好的个性化体验，以满足他们更丰富、更多元的需求。

在市场竞争方面，随着国内电商市场的发展，传统电商平台如淘宝、京东等长期占据市场主导地位，而新型互联网平台如抖音、快手等迅速崛起后也不遗余力地切入零售电商和本地生活赛道，利用其原生娱乐内容带来的注意力经济优势赢得消费者。在竞争激烈的态势下，碎片化的消费者触点和去中心化的媒体使企业不得不投入更多资源进行营销推广，使得运营成本增加，利润空间被压缩。更为危险的是，消费者的黏性与忠诚度越来越难以把握。

2. 社会方面

年轻一代逐渐成为消费主力军。他们成长于互联网时代，对线上购物接受度高、依赖性强，更注重消费的便捷性、趣味性和社交性。这促使电商企业不断创新商业模式，由此而产生了社交电商、直播带货等，以吸引年轻消费者。

同时，社交媒体的发展改变了信息传播的方式和速度，消费者更容易受到社交媒体上推荐、评价和广告的影响。电商平台和社交媒体的融合不断加深，社交媒体成为商品推广和销售的主流渠道。消费者可以在社交媒体上直接购买商品，获得从信息获取到商品购买的一站式体验。这提高了购物的便利性和转化率。

此外，环保与可持续发展成为重要的社会话题，越来越多消费者更倾向于选择环保产品。这促使电商企业纷纷转型，要求供应商减少包装浪费、采用环保材料生产产品，以契合消费者的环保观念。

3. 技术方面

技术创新，尤其是 AI 技术的创新和发展深刻影响了电商行业的发展。当前，AI 领域大模型技术爆发，出现了一些实力强劲的预训练大模型，如 OpenAI 开发的 GPT 系列大模型、谷歌的 Gemini 2.0 大模型、华为的盘古系列大模型等。这些大模型具有强大的推理、生成能力，能够革新电商领域的各种应用。

AI 技术在电商行业的应用已经初见成效，并将继续推动电商行业发展和创新。从购物推荐到订单处理，从会员管理到商品定价，AI 技术正在深刻改变电商平台的运营模式和用户体验。

4. 政策方面

在 AI 技术蓬勃发展的背景下，相关政策的出台进一步推动了 AI 与电商的融合。2024 年 6 月，国家发展改革委等部门发布《关于打造消费新场景培育消费新增长点的措施》，其中指出"在明确标识和规范监管的基础上，探索利用人工智能大模型、虚拟现实（VR）全景和数字人等技术，拓展电商直播场景"。这体现了政策对利用新技术重塑消费体验的支持。

此外，数字化浪潮催化了电商变革。在数字化技术发展背景下，越来越多的品牌和电商企业在促进交易之外，开始更多地参与到产业发展中，利用AI、大数据、云计算等先进技术，深入生产制造、供应链管理等多个环节，探索企业运作的数字化转型。在数字化趋势下，引入先进技术、转变发展方式成为很多企业在竞争中谋求更好地生存的明智之选。

新的商业模式会随着经济、社会、技术、政策的发展应运而生，并逐步发展。AI技术会推进电商的发展，甚至达到我们想象不到的程度。

1.1.2　电商体系之变

电商体系的演变标志着数字时代商业运作模式的重大转型。从传统的货架式电商到如今的个性化、互动化电商，这一变化反映了消费者需求、技术进步及市场动态的变化趋势。

（1）从"人找货"到"货找人"的转变。在大数据和AI技术支持下，电商平台能够根据用户行为和偏好，实现从"人找货"到"货找人"的转变。这种转变意味着商品和服务的推荐更加个性化、精准化，提升了用户体验和购物效率。例如，通过用户画像和行为分析，电商平台能够预测用户需求，主动推送相关商品，实现快速响应和个性化服务。

（2）内容平台的兴起与电商模式的丰富。抖音、小红书等内容平台的兴起，为电商行业带来了新的活力。社交电商和直播电商的兴起，使购物变得更加互动化、娱乐化，消费者的购买决策不再局限于传统的搜索和比较，而是在社交互动和内容消费中自然形成。

（3）供应链的优化与去中间化。电商平台通过直接对接生产端，实现供应链优化和去中间化。这种模式不仅提高了产品从生产到最终到达消费者手中的效率，还降低了成本。例如，C2M（Customer to Manufacturer，从消费者到生产者）模式允许消费者直接向制造商定制产品，这在满足个性化需求的同时，也减少了库存积压和物流成本。

（4）消费者决策旅程的变革。随着电商体系的演变，消费者的决策旅程也变得更加复杂多样。消费者的购买行为不再单纯依赖传统的广告和促销，而是受到社交媒体、KOL（Key Opinion Leader，关键意见领袖）推荐、用户评价等多方面因素影响。电商平台需要在消费者决策旅程中创造更多的触点和互动机会，以提高转化率和用户忠诚度。

（5）技术创新与电商体系的融合。技术创新，尤其是AI、大数据、云计算等技术的应用，推动了电商体系迭代。电商平台通过智能化升级，实现了供应链优化、个性化营销、智能客服等功能，提升了整体运营效率。同时，新技术的应用也催生了新的销售模式，如无人零售、虚拟试衣间等，进一步丰富了消费者的购物体验。

综上所述，电商体系演变是一个多维度、深层次的过程，涉及技术应用、消费者行为、市场结构等多个方面。演变的主线是技术的不断进步和消费者需求的增长变化。

1.1.3 平台底层交互逻辑之变

麦肯锡全球研究院在其报告中指出，AI的应用可以显著提高零售业的运营效率和顾客体验。随着AI技术的持续应用，电商平台底层交互逻辑将被改变。

当前，电商平台底层交互逻辑如下：

（1）搜索功能：用户输入关键词搜索商品，平台根据关键词匹配并展示相关商品。

（2）信息流推荐：基于用户的历史浏览和购买行为，平台通过算法推荐用户可能感兴趣的商品。

（3）短视频和直播：平台利用视频内容展示商品特点和使用效果，通过直播与用户实时互动，促进购买。

（4）用户评价和社区：用户可以查看其他消费者的评价和经验分享，参与社区讨论，这些行为将影响其购买决策。

（5）个性化营销：平台根据用户的行为和偏好，定制并推荐个性化的营销活动和优惠。

AI技术的应用促进了电商平台交互逻辑的变化。当前，国内电商平台已具备以下AI能力。

（1）智能推荐引擎。平台可在分析用户行为的基础上预测用户需求和偏好，智能推荐相关商品。例如，淘宝的"千人千面""猜你喜欢"等功能，能够通过分析用户行为和偏好，提供个性化的商品推荐。

（2）自然语言处理。平台中的智能客服和聊天机器人可以理解用户的自然语言输入，并提供相应的服务和推荐。例如，2025年1月，我国AI初创企业深度求索推出DeepSeek-R1大模型。它具备自然语言理解和生成能力，能够在与用户的沟通中了解用户需求，并基于专业学习给出准确的回答。

（3）图像和语音识别。通过图像搜索和语音搜索功能，用户可以更直观、便捷地找到所需商品。同时，AI图像识别技术可生成准确的商品标签，如"宽松版型""复古印花"等，帮助用户快速锁定心仪商品。

（4）情感分析。平台可借助AI分析用户评论和反馈中的情感倾向，以优化产品和服务。例如，在识别到用户对某款商品的负面评价词后，平台会提醒商家优化商品详情页，补充详细的商品说明。

AI技术的发展将进一步增强电商平台的AI能力。例如，基于AI算法和大数据分析，智能推荐引擎可以更精准地捕捉用户细微的偏好变化，提供更加个性化的推荐。再如，电商平台可以利用AI生成更加多样化、更吸引人的商品描述和营销内容，提高用户的购买意愿。在AI赋能下，用户与平台的交互将更加智能、高效。

1.1.4　市场"玩家"之变

随着电商市场的发展，越来越多的"玩家"涌入电商行业。这推动了市场份额的重新分配，塑造了新的电商格局。国内电商"玩家"的发展脉络如图1-1所示。

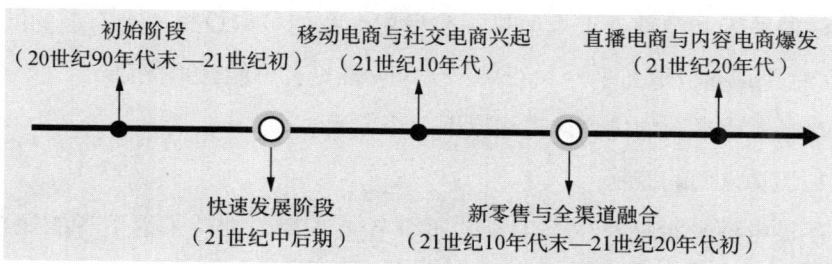

图1-1　国内电商"玩家"的发展脉络

1. 初始阶段（20世纪90年代末—21世纪初）

1999年，阿里巴巴成立，标志着我国电商行业起步。2003年，淘宝网上线，引入C2C（Consumer to Consumer，个人与个人之间的电子商务）模式，与eBay（易趣）竞争。京东也从实体转型线上，开始其电商之旅。

2. 快速发展阶段（21世纪中后期）

随着互联网普及，电商平台纷纷涌现。2010年，天猫（原淘宝商城）成立，引入B2C（Business to Consumer，企业对消费者的电子商务）模式。京东、苏宁易购等平台开始扩大规模，电商行业竞争加剧。

3. 移动电商与社交电商兴起（21世纪10年代）

智能手机的普及推动了移动电商的发展。微信小程序、拼多多等社交电商出现，改变了用户的购物习惯。小红书作为一个内容平台，虽然试图进入电商领域，但由于其UGC（User Generated Content，用户生成内容）模式和社区氛围，尚未完全成功转型为电商平台，反而在内容分享和消费决策中发挥了重要作用。

4. 新零售与全渠道融合（21世纪10年代末—21世纪20年代初）

阿里巴巴提出"新零售"概念，推动线上线下融合。电商平台开始布局线下实体店，实现O2O（Online To Offline，线上到线下）模式。

5. 直播电商与内容电商爆发（21世纪20年代）

抖音、快手等平台利用短视频和直播带货创造了新的购物体验。电商平台与内容平台的界限变得模糊，内容成为电商的重要组成部分。

随着技术和消费者需求的进一步发展，我们可以设想一个有趣的问题：在 AI 时代，存量电商平台和新兴"玩家"谁更有可能获得优势？

存量电商平台的优势体现在以下 3 个方面。

1. 流量入口的控制

存量电商平台拥有生态丰富的超级 App 入口，把持了消费者的注意力（流量入口），这是新兴平台一时难以跨越的护城河。这些平台通过提供一站式服务，包括购物、支付、娱乐等，增强了用户黏性，形成了强大的网络效应。

2. 数据与技术的积累

根据中国信息通信研究院的数据，我国移动互联网用户规模达到历史新高，为电商平台提供了庞大的潜在用户基础。阿里巴巴、京东等电商平台凭借早期进入市场的优势，积累了大量用户数据和强大的技术能力，这是它们应用 AI 的先天优势。

3. AI 技术的应用

存量电商平台率先将 AI 技术应用于用户行为分析、个性化推荐、智能客服等方面，提升用户体验和运营效率。例如，"猜你喜欢""千人千面"等功能已成为国内领先电商平台的标配。

与此同时，新兴电商平台也面临一些挑战与机遇。

一方面，新兴电商平台需要在技术创新和市场定位上寻找突破口。尽管面临挑战，但它们可以在特定细分市场或通过创新商业模式来打开成长空间。

另一方面，国内统一大市场的广阔性为新兴电商平台提供了更多的潜在发展空间，尤其是下沉市场。这些市场之前未被充分开发，具有巨大的消费潜力。随着基础设施的完善和消费的升级，下沉市场已成为电商平台新的增长点。拼多多就是通过挖掘下沉市场潜力实现了快速增长。

尽管存量电商平台凭借其庞大的用户数据和先进的技术能力，似乎更有可能通过 AI 技术巩固市场地位、提升竞争力，但我们不应忽视变革的力量。回顾过去，自 2007 年苹果发布第一代 iPhone 以来，智能手机的普及仅用了大约 10 年时间。在那个诺基亚功能机盛行的时代，我们难以想象今天的智能互联网和超级 App 能够如此深刻地影响我们的日常生活。同样，新兴"玩家"也有可能通过创新的商业模式、技术突破或市场定位在未来几年实现突破，成为改变电商格局的新力量。

历史告诉我们，技术进步和市场需求变化会带来惊喜。今天市场某个不起眼的角落或许正孕育着明天的行业巨头。它们可能通过聚焦特定细分市场、采用独特的技术创新或开发全新的用户互动方式，找到属于自己的增长路径。

1.2 如何定义AI电商

随着技术持续进步和企业增长需求越发迫切，AI 电商受到了广泛关注。AI 电商是指将 AI 技术深度融入电子商务全链条，通过算法、大数据和机器学习等技术，实现智能化的商品推荐、用户行为分析、营销等，从而提升电商运营效率、增强用户黏性并创造新商业价值的新型电商模式。电商企业有必要了解其可能带来的新挑战和新机遇，以促进自身发展。由电商平台衍生出的生态产业链"玩家"，也需要关注新技术发展对自身的影响。

1.2.1 电商是AI商业化理想"试验田"

在 AI 商业化过程中，电商是 AI 商业化理想"试验田"，其原因体现在多个方面。

首先，在以往长期发展中，电商已经实现了深厚的数字化积累。电商生态内的从业者和消费者在软件、硬件、观念上都实现了较高程度的数字化转型，这使电商行业对新技术、新应用的接受度和投入意愿都相对较高。当 AI 新技术出现时，电商行业能够迅速将其应用于实际业务中，从而推动 AI 的商业化落地。

同时，电商在长久的运营中积累了海量数据，而 AI 的融入能够加速这些数据的整理和挖掘。借助 AI 算法，电商企业得以更深入、更高效地挖掘数据中的模式与规律，实现更精准的预测。在此基础上，电商企业以精准数据指导科学运营，在存量市场的效率竞争中占据优势，同时在增量市场上更敏锐地把握先机。

其次，作为一种平台经济，电商具有多边市场结构。这使 AI 应用的创新和推广能够迅速在电商平台上展开，覆盖商家、消费者、服务商等多个群体。头部电商平台在 AI 商业化过程中扮演着重要角色，它们具备丰富的 AI 技术储备和行业经验，能够快速切入高价值赛道，推动 AI 的商业化应用。

最后，已经拥有良好发展基础的电商行业及其生态为 AI 提供了丰富的应用场景。从企业经营，如开店、选品、营销、直播等，到消费者体验，如搜索、交易、评价等，AI 应用可以落地于其中的多个环节。多样的应用场景为 AI 商业化提供了广阔空间。

当前，AI 在电商行业的应用已经初见成效，经济潜力逐步显现。电商企业借助 AI 自动生成营销内容、优化客户服务，进而提升运营效率的案例并不少见。AI 在很多场景中可以带来实际效益，这使更多企业愿意投入资源引入 AI 应用，推动 AI 在电商行业落地。

综上，电商行业因其深厚的数字化积累、平台经济的优势、丰富的应用场景等，成为 AI 商业化的理想"试验田"。同时，电商企业对 AI 应用的积极态度也进一步推动了 AI 商业化。

1.2.2　是下个风口还是昙花一现

随着 AI 推进电商业态进化的潜力逐渐显现，资本市场对其的关注也与日俱增。许多 AI 电商领域的企业受到资本青睐，获得融资。

2024 年 6 月，面向电商的发现和搜索平台 Constructor 获得 2500 万美元 B 轮融资。基于在 AI 领域的技术实力和在电商行业的丰富经验，Constructor 推出了 AI 购物助手 ASA。这是一款由 AI 驱动的生成式对话产品发现应用，能够通过与用户的交互理解用户需求，并生成个性化的搜索内容。

同样在 2024 年 6 月，电商搜索引擎公司 Daydream 获得 5000 万美元种子轮融资。Daydream 致力于将 AI 应用于电商搜索领域，提供人性化的搜索服务。其服务能够根据用户描述的使用场景提供产品购买选择，为用户提供精准的搜索结果。

2024 年 8 月，饰品跨境电商品牌 Stepin 完成千万元天使轮融资。Stepin

借助 AI 技术与供应链优势，实现了小批量、多批次的快速上新模式。饰品行业的运转依赖设计、生产、销售链条上的各环节效率，AI 技术的应用能够大幅提升效率，推动业务快速增长。Stepin 凭借在这方面的成功探索获得了资本的支持。

处在新科技革命爆发的前夜，很多人疑惑：AI 的概念是否过热？ AI 电商究竟是下一个风口，还是一个过度炒作的泡沫，终会破灭？这就像过去几十年互联网、移动互联网等新技术的发展路径一样，阿玛拉定律同样适用，"我们总是高估一项科技所带来的短期效益，却又低估它的长期影响"。

一方面，电商行业本身就是一个极具规模且持续创新的赛道。根据高盛发布的报告，2023 年全球电商销售额为 3.6 万亿美元。这一庞大的市场规模为 AI 电商的发展提供了广阔的舞台。

同时，电商行业也在不断地进行创新和变革。从传统的平台电商到社交电商、直播电商等新型电商模式，电商行业始终保持着敏锐的市场洞察力和创新力。这为 AI 电商的崛起提供了良好的环境。

从经济角度来看，AI 在电商领域应用潜力巨大，有望在各环节实现落地。电商企业可以借助 AI 优化业务流程，AI 科技企业也可以聚焦电商领域的痛点，提供有针对性的 AI 解决方案，帮助电商企业降本增效。总之，AI 电商在提升产业效率、创造商业价值方面具有巨大潜力。

另一方面，随着 AI 技术不断发展，其在电商领域的应用越来越多，落地路径也逐渐清晰。

在消费者端，AI 正在改变传统的购物搜索方式。随着大量内容涌入电商平台，传统搜索方式已无法满足消费者的个性化需求。AI 则能够在海量数据分析和机器学习基础上更好地理解消费者的购物习惯和偏好，创造一种更高效、更精准的匹配机制。这种匹配机制不仅能够提高消费者的购物体验，还能够为企业带来更多的转化机会。

在企业端，AI 同样发挥重要作用。借助 AI，电商企业可以自动生成商品图片和文案，大幅节省人力和时间成本。同时，AI 还能够对商品进行智能分类和推荐，帮助企业更好地管理库存和优化销售策略。这些智能化的管理手段提高了企业运营效率，为其带来了更多的商业机会。

正如沃顿商学院伊桑·莫利克（Ethan Mollick）教授所言："我们绝对处于这样一个位置：即使 AI 发展完全停止，我们仍然有 5 ～ 10 年的快速变化，吸收当前模型的能力，并将它们整合到组织和社会系统中。当然，我并不相信发展会停止。"

AI 电商之所以成为风口，主要得益于电商行业的庞大规模与持续创新潜力，以及 AI 在电商领域的广泛应用与清晰落地路径。未来，随着 AI 技术不断发展和电商市场持续增长，AI 技术推进电商进化是一种必然。因此，如果我们愿意从长期主义视角看待问题，就会发现 AI 电商不是昙花一现。

Gartner 公司提出的 Hype Cycle（技术成熟度曲线）是评估新技术发展过程的重要工具。其将创新技术从诞生到成熟应用的发展过程分为 5 个阶段，为企业提供客观的参考。

（1）萌芽期：新技术取得初步突破，引发科研界关注，少量企业和投资者入场探索。

（2）过热期：媒体热炒带来市场期望飙升，大量企业涌入，投资激增，但实际应用效果往往不及预期。

（3）低谷期：因技术问题与过高期望的落差，市场信心受挫，投资者撤离，部分企业退出。

（4）复苏期：技术改进与成功案例出现使市场信心渐复，技术应用范围逐步拓展。

（5）成熟期：技术广泛应用，性能稳定，成本降低，带来显著经济效益与社会价值。

借助该曲线，企业可以合理规划技术投资与应用策略，在技术浪潮中把握机遇，规避风险。

阿玛拉定律在技术发展历程中反复得到验证。当一项创新技术首次出现时，宏伟的期望迅速被炒作到极致。当这些期望未能迅速实现时，失望随之而来。但技术稳步成长、改进，并在越来越多的应用中被采用。直到有一天，它的规模和影响远远超过了我们最初的宏伟期望。

1.2.3　AI电商是机遇，也是挑战

AI 电商的发展为电商行业带来了新的机遇，这体现在企业决策、业务模式、服务创新等方面，如图 1-2 所示。

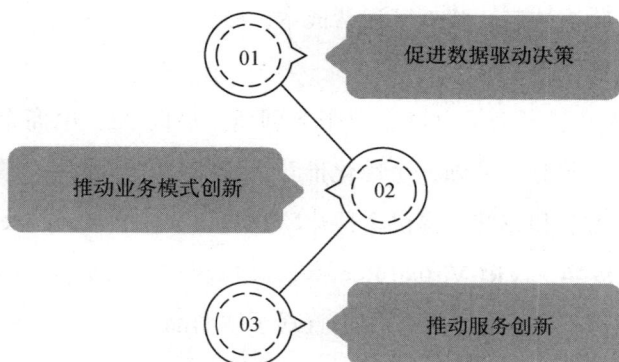

图1-2　AI电商带来的机遇

1. 促进数据驱动决策

基于大数据、AI 等技术，电商企业能够收集、处理和分析海量的用户数据、商品数据、交易数据等，为决策提供强大的数据支持。这些数据可以用于预测市场趋势、分析用户行为、优化库存管理、制定定价策略等。以数据驱动决策，电商企业能够更加精准地把握市场机会，降低经营风险，提高运营效率。

2. 推动业务模式创新

AI 电商的兴起为电商企业带来了业务模式创新。电商企业可以将 AI 引入各种业务环节，优化业务流程。例如，依据对市场趋势和消费者行为的实时分析与把控，电商企业可以合理安排生产计划，实现灵活的柔性生产。在供应链管理方面，电商企业可以引入自动化仓储系统、智能物流系统等优化供应链，实现供应链自动化管理。

以 SHEIN 为例，这家快速崛起的时尚电商企业通过引入 AI 技术，优化了从设计到生产的整个流程。SHEIN 利用大数据分析市场趋势和消费者行为，实现了对流行趋势的快速响应，从而合理安排生产计划，实现灵活的柔

性生产。这种 C2M 模式使 SHEIN 能够迅速将消费者需求转化为生产指令，极大地缩短了产品从设计到上市的周期。

在供应链管理方面，SHEIN 通过引入自动化仓储系统和智能物流系统优化供应链管理，实现了供应链的自动化和智能化，不仅提高了库存管理效率，还加快了物流速度，降低了运营成本。

3. 推动服务创新

AI 电商的发展推动了电商企业服务创新。借助 AI，电商企业可以提供智能化、个性化服务。例如，个性化推荐系统能够在海量用户数据分析的基础上了解用户需求和偏好，提供个性化购物建议。基于 AI 与 AR（Augmented Reality，增强现实）、VR（Virtual Reality，虚拟现实）的结合，电商企业可以提供虚拟试妆试衣等服务，帮助用户直观了解商品。

天猫平台上线了 AR 试妆功能，借助 AR 技术模拟化妆品在脸上的使用效果，让用户在购买化妆品前就能直观感受化妆后的效果。这一功能降低了用户的试妆门槛，提高了用户的购买意愿。

这些都是宏观上 AI 给电商发展带来的新机遇，后续章节我们会展开价值链的各个环节，探讨更多的可能性。与机遇相对，AI 推动电商进化的过程也伴随着不少挑战。

一方面，AI 电商的发展需要巨大的技术投入，包括高性能计算资源、先进的算法模型及专业的技术团队等。而对于许多中小型电商企业来说，这些投入超出其承受能力。此外，即使企业有足够的资金进行技术投入，如何将这些技术有效地应用于实际业务中，也是一个需要解决的问题。

对此，电商企业可以采取合作、外包等方式，与专业的 AI 技术提供商共同开发适合自身业务需求的 AI 应用。这不仅可以降低企业技术应用成本，还可以借助专业团队的技术和经验，更快地推进 AI 在电商业务中的应用。

企业对 AI 技术和应用的理解，往往也是一个难点。可以理解 AI 技术并拥有前瞻的商业想象力和批判思维，真的能用新技术解决业务问题或者创造新的业务场景，这样的人和团队极度稀缺。

另一方面，AI 电商依赖大量的用户数据进行模型训练和精准推荐。这些数据往往包含用户的个人隐私信息，如购物习惯、搜索记录、位置信息等。如果这些数据被不当使用或泄露，将对用户的隐私造成严重威胁。同时，随着数据保护法规日益严格，电商企业处理用户数据面临更大的合规压力。

IBM 发布的数据泄露成本年度报告显示，2024 年数据泄露的平均成本达 488 万美元，创历史新高。此外，该报告指出，在对数百个组织的分析中，70% 的组织表示数据泄露造成了重大破坏。

为了应对这一挑战，电商企业必须采取强有力的数据安全防护措施。首先，企业需要引入先进的加密技术，以确保数据在传输和存储过程中的安全。其次，企业必须制定和严格实施数据访问与使用权限管理策略。这意味着只有获得授权的人员才能访问敏感数据，并且所有数据访问都要有详细的日志记录，以便于审计和监控。此外，还要加强员工培训和管理。

没有哪次技术革命在带来商业机遇的同时不带来挫折和挑战，在这里罗列的不过沧海一粟。其中，成本和数据的风险最显而易见。对于 AI 可能给人类社会带来的风险，大量学者进行了更深入的研究，有兴趣的读者可以查阅相关资料。

1.2.4　"双11"购物节期间，AI被调用超15亿次

2023 年"双 11"购物节期间，淘宝、天猫商家大量调用各种 AI 工具。阿里巴巴旗下营销平台阿里妈妈推出的万相台无界版、阿里妈妈百灵等 AI 产品，能够为商家提供货品运营、店铺运营等方面的助力。这些 AI 工具在"双11"期间被调用超 15 亿次。

此外，模特图智能生成、官方客服机器人等多款商家端免费 AI 工具也投入使用。在功能上，这些工具各有聚焦点和优势，能够为商家运营提供多方面支持。例如，模特图智能生成工具能够根据商品信息和商家需求自动生成高质量的模特展示图，减少了人工拍摄和后期制作的成本和时间。官方客服机器人能够处理大量常见问题和咨询，提高客户服务效率，减轻人工客服压力，提升消费者体验。

在营销方面，万相台无界版对渠道和流量进行了整合，实现了动态预算

调配、实时人群追踪等功能。商家可以通过这一平台实现精准的广告投放和高效的营销决策，从而提升经营效果。阿里妈妈百灵是"一站式"品牌经营平台，整合了淘宝内部品牌营销的各种资源，并打通了淘宝外部的相关媒介和平台。在 AI 技术支持下，阿里妈妈百灵能够为商家提供个性化经营建议和品牌推广策略，帮助商家更好地适应市场变化，提高品牌吸引力。

AI 在"双 11"购物节期间的广泛应用不仅展示了其在电商领域的巨大价值，也反映了技术创新对电商行业的深远影响。AI 在电商领域的应用促进了AI 电商的发展，推动了电商行业创新，为该行业带来了新的增长点。

1.3　AI电商有什么价值

AI 电商凭借强大的智能化能力展现出巨大价值。它能够重塑流量价值、保证消费体验、破解运营的不可能三角，形成新质生产力。

1.3.1　重塑流量价值：实现流量精细化运营

借助一系列先进技术手段，AI 电商能够实现流量的精细化运营，重塑流量价值。这体现在以下 3 个方面，如图 1-3 所示。

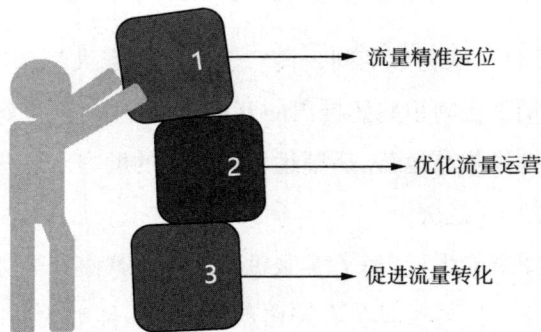

图1-3　AI电商重塑流量价值的具体体现

1. 流量精准定位

AI 具有强大的数据收集和分析能力，能够收集海量的用户浏览记录、购买历史、搜索关键词等数据，并对用户行为和兴趣偏好进行深入分析。在此基础上，AI 能够构建精准的用户画像。该画像不仅包含用户的年龄、性别、地域等信息，还涵盖用户的购物习惯、偏好及潜在需求。基于此，电商企业能够精准地定位目标用户，实现流量的精准运营。

2. 优化流量运营

在流量运营方面，电商企业可以借助 AI 生成个性化营销内容、营销活动等，如根据品牌调性和用户偏好生成合适的广告文案、宣传海报，或将 AI 融入营销活动中，提升活动的趣味性。

同时，电商企业可以借助 AI 实时监测和分析流量数据，对营销活动效果进行实时监测，进而有针对性地调整营销策略，提高投资回报率。通过收集和分析用户的访问量、停留时间、点击率等数据，AI 能够评估流量运营效果，并为电商企业提供市场洞察和决策支持。这可以帮助电商企业了解用户的喜好和消费趋势，及时调整运营策略，优化流量运营效果。例如，当发现某个商品或页面点击率较低时，企业可以及时调整推荐策略或优化页面设计，以增强用户兴趣。

3. 促进流量转化

AI 可融入个性化推荐系统，根据用户画像和实时数据为用户推送符合其需求的商品信息。这种个性化的推荐方式不仅提高了用户的购物体验，也显著提升了流量的转化率。智能化的个性化推荐系统还能够根据用户反馈和行为数据，不断优化推荐算法，提高推荐的准确性。

融入 AI 的智能客服系统能够实时解答用户疑问，为流量转化提供保障。用户对商品提出疑问，智能客服系统能够及时响应用户需求，为用户答疑解惑，促进转化。当用户对是否下单犹豫不决时，智能客服系统可以通过沟通了解用户意图，为其提供优惠券、讲解售后服务等，消除用户的后顾之忧。

当前，已经有一些电商平台意识到 AI 电商在重塑流量价值方面的作用，并进行了积极尝试。

2024 年初，天猫推出与明星共创 AI 年画的限定玩法，目的是帮助商家做好从引流、运营到沉淀的流量运营全过程，拉长流量生命周期。在活动中，明星"画龙"与粉丝"点睛"相结合，双方共创 AI 年画。

首先，此次创意玩法实现了人群破圈，吸引了众多粉丝参与。在集卡环节，粉丝可以通过邀请好友、好友赠卡等方式获得集卡机会。在换卡赠卡之间，活动得以在更广泛的人群中传播。每集成一套卡册，就解锁一次与明星共创 AI 年画的机会；集齐 5 套卡册即可抽取大额红包。

其次，触达用户后，商家借助集卡任务将其引导至私域。活动中的加入会员、下单享品牌好礼等任务，都能促成商家拉新。在激活老会员方面，活动也设置了巧妙的机制，鼓励会员通过兑换积分的方式获得集卡机会，助力商家促活会员。

最后，营销是为了实现更好的转化，这也是此次活动对商家的终极助力。此次活动创新打造了"下单即送实体小卡"的玩法，以促进流量转化。

AI 与电商的结合能够从多方面实现流量的精细化运营，最终促进流量转化，为电商企业带来更多的经济效益。

1.3.2 保证消费体验：需求导向

在电商领域，消费者体验始终是企业关注的核心问题。电商企业可以通过布局 AI 电商，以需求为导向，优化消费者体验。具体而言，电商企业可以在售前、售中、售后 3 个环节优化服务，提升消费体验。

在售前，电商企业可以借助 AI 实现个性化推荐、智能咨询与解答、虚拟试穿与预览等：一方面，基于 AI 的智能推荐系统能够通过对消费者浏览行为、搜索关键词等数据的分析，提供个性化的商品推荐，帮助消费者迅速找到自己想要的商品；另一方面，智能客服能够实时解答消费者的疑问，提供关于商品、服务、配送等方面的详细信息，提升其购买意愿。此外，利用 AR、VR 技术，电商企业可以提供虚拟试穿试妆等体验，推动消费者快速作出购物决策。

在售中，电商企业可以借助 AI 从多方面优化服务，保证消费体验。比如，在购物与结算方面，AI 可以实现购物车智能排序、自动计算优惠等功能，同时支持一键支付、快速支付等便捷支付方式，提高购物便利性；在物流方面，AI 可助力物流信息整合与共享，让消费者了解商品的发货时间和物流信息，跟踪订单状态。

在售后，有了 AI 的支持，电商企业能够从多方面满足消费者对售后服务的要求。一方面，AI 赋能的一键申请、快速审核等功能，简化了退换货流程，提高了退换货效率。另一方面，智能客服能够在售后为消费者提供持续服务，如解答疑问、提供安装指导等。

1.3.3　挑战"不可能三角"：成本+效率+质量

成本、效率和质量之间存在一个"不可能三角"，即低成本、高效率和高质量往往不可同时实现。三者之间存在制约关系，降低成本可能影响效率和质量，提高效率可能导致成本上升或质量下降，而追求高质量则往往需要更多的成本投入并可能降低效率。面对"不可能三角"，电商企业可以通过探索 AI 电商突破原有的限制。

1. 降低成本

电商企业可以借助自动化和智能化技术，显著降低成本。一方面，自动化和智能化工具能够降低电商企业对人力资源的依赖，从而减少人力成本。例如，智能客服、智能仓储系统的应用，减少了客服人员和仓储管理人员的数量，降低了人力成本。另一方面，精准营销和个性化推荐降低了营销成本。基于消费者的历史行为和偏好，AI 能够提供个性化的商品推荐，减少无效广告投放，从而提高销售转化率，降低营销成本。

此外，AI 能够优化物流配送流程，降低电商企业的物流成本。例如，AI 能够根据交通状况、天气条件等多种因素规划最优物流路径，减少运输时间和成本。在车辆调度方面，AI 能够实现配送车辆智能调度，降低空驶率，减少等待时间，从而降低物流成本。

2. 提高效率

电商企业可以借助各种智能化系统，显著提升运营效率。例如，智能库存管理系统能够实时监控库存状态，动态调整库存水平，避免库存积压与缺货风险。同时，该系统还能优化仓库布局，为商品拣选和发货提速。再如，智能订单处理系统能够自动接收、处理和分析订单信息，实现订单自动化分配和跟踪。这减少了人工干预，提高了订单处理的准确性和速度，从而提升运营效率。

3. 保障质量

在产品质量方面，基于 AI 的智能检测和分析能够确保产品质量符合标准。例如，电商企业可以通过智能系统实时监测生产线运行状态，通过智能算法调整生产参数，优化生产流程，提高产品质量。在服务质量方面，智能客服能够提供高质量的服务，通过自然语言处理技术实时解答用户疑问，提高用户满意度。

综上所述，AI 电商成功平衡了成本、效率和质量之间的关系，为电商行业带来了更强的竞争力和更大的利润空间。

1.3.4　形成新质生产力：辅助与取代人工

AI 与电商的结合形成了电商领域的新质生产力。这体现在两个方面：一是 AI 可以为电商行业从业者赋能，大幅提升其工作效率；二是 AI 能够在多环节替代人工，更好地赋能电商发展。

具体而言，在 AI 技术推动下，电商行业的工作模式发生了显著变化，人与 AI 协作成为重要趋势。例如，利用机器学习和大数据分析，AI 能够辅助电商企业管理者分析市场趋势，制定更精准的营销策略。再如，AI 能够自动生成设计草图和方案，不仅加速了内容产出，还提高了设计的创新性和多样性，减少了设计师的重复性工作，让他们专注于更有价值的创意工作。

此外，AI 机器人、智能应用等成为电商领域的新生产力，它们能够执行各种复杂任务，提高效率。

（1）自动化生产。AI 工业机器人、智能运输设备等的应用能够提升生产效率。AI 工业机器人能够执行高精度、高强度的作业，减少人工干预，提高生产自动化水平。

（2）智能物流系统。智能运输设备能够实现生产物料快速配送，缩短运输时间，降低生产成本。这能够使生产工人从重复、重体力的工作中解放出来，转而进行协调性工作。在仓储与物流环节，智能叉车、智能物流系统等能够实现商品自动分拣、包装和搬运，取代人工，大幅提升作业效率。

（3）智能客服系统。智能客服能够全天候在线，取代人工客服的一系列工作，解答用户咨询，处理订单、退款、投诉，接听电话，回复邮件等。在遇到难以解决的复杂问题时，智能客服能够自动转人工，为用户提供满意的服务。

AI技术在电商领域的应用标志着新质生产力的形成，这不仅改变了工作的性质，还重塑了行业的未来。AI通过辅助人工和取代某些人工岗位，显著提升了工作效率和运营效能，为企业带来了创新的业务模式和更强的竞争力。

随着AI技术不断进步，电商行业正逐步向更加智能化和自动化的方向发展。企业必须适应这一变革，通过投资AI技术、培养技术人才和优化业务流程，在激烈的市场竞争中保持领先地位。

AI

第 2 章

驱动力分析：多维度赋能 AI 电商

AI 赋能电商发展进化的驱动力来源于技术、产业和企业 3 个方面。在技术方面，AI 技术的迅猛发展和相关应用的落地为 AI 电商的发展提供了强大的技术支持。在产业方面，AI 产业与 AI 电商产业携手并进，使得产业生态不断完善，不同领域的创新实践相互启发、相互交融。在企业方面，各大企业纷纷加大 AI 投入，通过 AI 赋能电商业务，增强市场竞争力。在技术、产业和企业的共同推动下，AI 电商迎来了快速发展。

2.1 技术赋能：各项技术大展拳脚

前沿技术成果如 ChatGPT、Sora、DeepSeek 等展现出巨大的潜力，成为驱动 AI 电商发展的核心动力。

2.1.1 AI电商基石：AI相关技术

自然语言处理、机器学习、计算机视觉等 AI 相关技术的发展为 AI 电商奠定了基石。这些技术为电商企业提供了强大的数据处理能力和智能决策能力，推动了电商企业乃至整个电商行业的数字化转型和智能化升级。

1. 自然语言处理

自然语言处理技术使计算机能够识别、分析和理解自然语言，已被广泛用于聊天机器人、语音助手等应用中。在电商领域，自然语言处理技术被用于构建智能客服系统，自动回答用户的常见问题。基于语义分析、情感识别等能力，智能客服能够精准把握用户需求，提供个性化服务。

此外，自然语言处理技术还可用于分析用户反馈，帮助电商企业及时调整销售和服务策略，优化用户体验。借助这一技术，电商企业能够更好地理解用户需求，并有针对性地进行营销策略调整。

2. 机器学习

机器学习使计算机系统能够通过统计学方法和算法从数据中自动学习，不断提升能力。在电商领域，机器学习算法已被广泛应用于用户行为分析、商品推荐、市场预测等方面，拥有丰富的应用案例。

在用户行为分析方面，机器学习算法通过挖掘和分析用户的历史行为数据，能够精准识别用户的偏好和需求。这有助于电商企业更好地理解用户，为用户提供个性化服务。

在商品推荐方面，通过对用户行为、商品信息及用户与商品之间的交互数据进行分析，机器学习算法能够自动地为用户推荐其可能感兴趣的商品。

在市场预测方面，通过对市场趋势、消费者行为、竞争对手动态等数据的分析，机器学习算法能够预测市场的未来走向和潜在机会，为电商企业制定市场策略、优化资源配置提供数据支持。

3. 计算机视觉

计算机视觉技术使计算机系统能够识别和理解图像信息，广泛应用于图像识别、视频分析等方面。在电商行业，计算机视觉技术可用于商品图片的识别、分类和搜索，以及虚拟试穿、虚拟试妆等，为用户提供更加便捷的购物体验。

例如，Google Lens 允许用户拍摄现实世界中的物品，直接在 Google Shopping（谷歌购物）中搜索相关产品；而国内的阿里巴巴"拍立淘"等，已经成熟地实现相同功能，帮助淘宝天猫用户通过视觉图片实现便捷购物。

综上所述，自然语言处理、机器学习、计算机视觉等 AI 相关技术为电商的发展进化奠定了坚实基础，并在全球范围内得到了广泛应用和认可。随着技术不断进步和更广泛的应用，AI 电商将继续引领电商行业的创新和发展。

2.1.2 大模型是AI电商新引擎

近年来，大模型的崛起为 AI 电商注入了新的活力，成为推动电商行业发展的新引擎。

大模型从海量文本数据中学习语言的规律和模式，具备强大的语言理解和生成能力，为电商行业带来了深远价值。具体而言，大模型可以从以下 4 个方面推动 AI 电商进一步发展，如图 2-1 所示。

1. 消费者洞察与个性化推荐

大模型能够整合消费者的各种数据，如浏览历史、购物历史、搜索记录等，构建精准的消费者画像。通过对画像的分析，电商企业可以深入了解消费者的兴趣偏好、消费习惯和需求痛点，为消费者提供符合其需求的个性化商品。这种对消费者的深度洞察能够提升商品推荐的精准度，从而提升消费者购物体验。

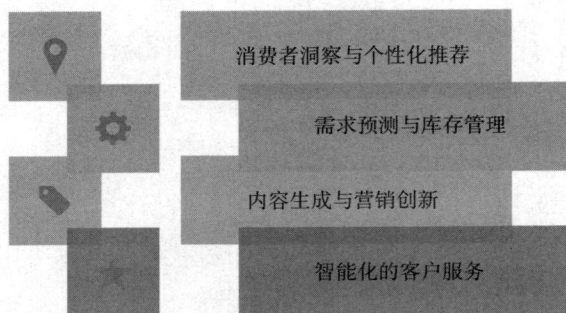

图2-1　大模型助力AI电商发展的四方面

2. 需求预测与库存管理

基于数据分析和预测能力，大模型能够预测消费者未来的消费需求和市场趋势。在电商行业，这种预测能力对优化库存管理至关重要。具体来说，电商企业可以合理调整库存，避免库存积压或缺货。这能够提高库存周转率，降低库存成本，确保商品供应的稳定性。

3. 内容生成与营销创新

大模型能够帮助电商企业生成高质量的商品介绍、营销文案、营销海报等。这些内容能够聚焦消费者痛点，突出商品卖点，通过颇具创意的表达，吸引消费者的关注。这种高效、创新的内容生成方式为电商营销带来新的活力，有助于提升品牌的知名度和影响力。

4. 智能化的客户服务

传统的智能客服主要依靠预设的程序和知识库回答用户问题，在内容输出方面往往遵循一定的模式，内容也千篇一律。

而在大模型支持下，智能客服具备更加智能化的能力。例如，其能够通过与用户的多轮沟通准确了解用户意图，并给出整合好的内容、个性化的建议等。同时，智能客服可实现多模态交互，如语音交互、文本交互、图像交互等，满足用户的个性化交互需求。此外，智能客服还具备持续学习能力，能够根据新的市场信息、用户反馈等优化输出内容。这些都有助于给用户带来更好的服务体验。

国内不少企业基于大模型能力推出新一代的智能解决方案。以澜舟科技为例，其凭借自主研发的孟子大模型技术体系，推出了澜舟智客解决方案，帮助企业打造高效、智能的客服系统，如图2-2所示。

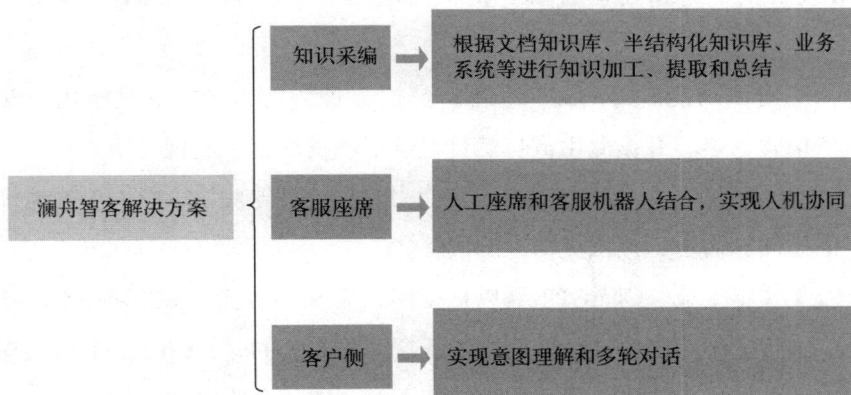

图2-2 澜舟智客解决方案

该解决方案覆盖知识采编、客服座席、客户侧三大模块，依托孟子大模型的自然语言理解和生成能力，能够准确理解客户的复杂需求，生成准确的回答。

国外的一些预训练模型在电商领域也有巨大的应用潜能。BERT是谷歌推出的预训练语言模型，主要用于自然语言理解任务。它通过双向编码的方式，在处理文本时会同时考虑上下文信息，在文本分类、命名实体识别等任务中表现出色，被广泛应用于搜索引擎优化和智能客服系统，提升了语义理解的准确性。

Turing-NLG是微软发布的一款大型语言生成模型，拥有170亿个参数。该模型基于Transformer架构，旨在处理多种自然语言任务，如文本生成、问答和摘要等，能够自动生成高质量的文本内容，被用于电商产品描述和营销材料自动化生成，提高了内容生成的效率和质量。

大模型在 AI 电商领域展现出巨大的应用潜力和价值。它不仅能够提升电商企业的运营效率和服务质量，还能够推动电商行业创新和发展。随着技术进步和应用场景拓展，大模型将在 AI 电商领域发挥更加重要的作用。

2.1.3　ChatGPT加速AI电商落地

ChatGPT 是 AI 公司 OpenAI 推出的一款革命性的自然语言处理应用，是 AI 发展的一个重要里程碑。基于底层预训练模型，ChatGPT 具备多种功能。

（1）对话功能。ChatGPT 具备自然语言理解能力，能够理解用户输入的自然语言文本，并据此生成自然且符合语境的回复，实现与用户的流畅交流。同时，ChatGPT 具备上下文记忆能力并支持多轮对话，能够更好地理解用户的意图和需求，提供更精准的回答。

（2）文本生成。ChatGPT 可以根据用户输入的要求、关键词等生成新闻报道、宣传文案等内容，帮助用户快速撰写文本。同时，ChatGPT 可根据用户输入的文本生成摘要，帮助用户快速了解文本的主要内容。

（3）翻译功能。ChatGPT 支持汉语、英语、西班牙语等多种语言的翻译，能够快速完成文本翻译任务。同时，其翻译功能并不是简单的词汇替换，而是可以理解文本的语义和上下文，生成更符合目标语言习惯和表达方式的译文。

基于以上功能，ChatGPT 能够从多方面赋能电商进化。

1. 个性化推荐

ChatGPT 能够分析用户的搜索历史、浏览历史等信息，了解用户的购物偏好和需求。基于此，ChatGPT 可以为用户推荐符合其兴趣和需求的商品，实现个性化推荐。这不仅有助于提升用户满意度，还能促进电商平台销售增长。

2. 营销内容生成

在营销内容生成方面，ChatGPT 能够理解品牌调性、目标用户等信息，并根据要求生成富有创意且符合品牌调性的营销文案，包括店铺营销文案、社交媒体营销文案、营销邮件等。

3. 客户服务和互动的增强

ChatGPT 可以作为电商客服为用户提供全天候的咨询服务，如提供商品信息、物流信息等。对于用户提出的疑问，ChatGPT 能够基于知识积累给出合适的回答。此外，基于多语言支持和翻译功能，ChatGPT 能够突破语言障碍，与来自世界各地的用户流畅交流，提升服务质量。

当前，一些商家已经将 ChatGPT 应用到电商场景中。徐总是一位亚马逊商家，专注于跨境电商业务。在 ChatGPT 诞生后，他尝试用 ChatGPT 辅助工作，取得了不错的效果。

在设置 listing(商品列表)时，他利用 ChatGPT 对 listing 进行了优化。在给出商品名称、描述词后，ChatGPT 能够给出优化后的标题和商品描述。在选择投放的关键词时，ChatGPT 能够根据徐总给出的商品信息和需求，罗列十几个与商品相关的关键词以供选择。

此外，徐总也将 ChatGPT 用于邮件沟通，让 ChatGPT 生成申诉邮件、营销邮件等。ChatGPT 能够根据要求快速给出格式正确、内容完善、条理清晰的邮件，徐总只需对邮件稍作修改即可直接使用。

在 ChatGPT 的辅助下，他不需要庞大的团队，可以节约大量时间和精力，有了更多空间思考未来发展，创造差异化的客户价值。

现在，大量商家将 ChatGPT 或类似的 AI Agent 产品作为电商运营的辅助性工具来提升自己的工作效率。ChatGPT 或类似产品的迭代发展，会进一步提升电商行业的效率，甚至催化更深远的变革。

2.1.4　Sora为AI电商打开新世界的大门

Sora 是一款 OpenAI 推出的视频生成模型，能够根据文本提示生成创意视频。Sora 能够生成长达 60 秒的高清视频，并支持多镜头、多角度的视频创作，确保视频内容的丰富性。这一技术革新使 Sora 能够轻松应对各种复杂的视频生成需求，为 AI 电商的视觉呈现提供无限可能。

Sora 具备三大核心能力，如图 2-3 所示。

强大的深度学习
能力

卓越的自然语言
处理能力

高效的计算与
优化能力

Sora 的三大核心能力

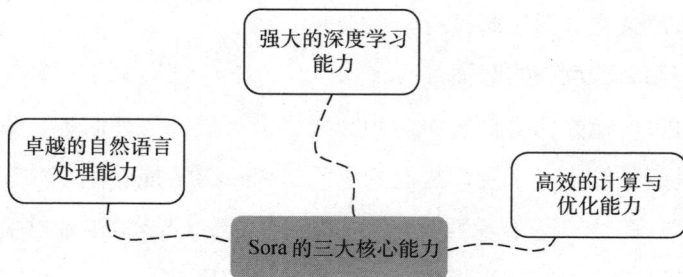

图2-3 Sora的三大核心能力

1. 卓越的自然语言处理能力

Sora 能够准确理解用户给出的文本描述，包括长段落的详细叙述和简短的关键词提示，捕捉其中的核心信息，并据此生成视频。在生成视频过程中，Sora 不仅能够保留文本中的关键信息，还能通过推理和联想为视频内容增添丰富的细节和情节，使视频质量更上一层楼。

2. 强大的深度学习能力

Sora 具备强大的深度学习能力。基于对海量文本数据、视频数据的训练，Sora 能够学习文本描述与视频内容之间的映射关系。同时，它利用卷积神经网络、循环神经网络等先进的神经网络结构，构建了一个高效的视频生成模型。这使 Sora 在视频生成过程中能够保持高效且准确的性能表现。

3. 高效的计算与优化能力

为了应对大规模的视频生成任务，Sora 采用先进的计算性能优化技术。通过优化算法和并行计算技术，它能够在短时间内处理大量数据并生成高质量的视频内容。同时，在模型训练过程中，Sora 还采用先进的优化算法来提高模型的泛化能力，并通过持续的数据增强和迁移学习来扩展应用场景，提高视频生成质量。这些优化措施使 Sora 在面对不同需求时能够保持稳定的性能表现。

Sora 开启了一个全新的视觉叙事时代，极具商业应用潜力。在商品展示方面，Sora 让电商企业得以摆脱传统图片和文字描述的局限，以更加生动、直观的视频形式呈现商品。这不仅提升了商品的吸引力，还有助于消费者全面了解商品特点和优势。无论是商品的外观、功能还是使用方法，都能在视频中得到清晰、准确的展现。

传统的视频制作需要耗费大量时间、人力和物力，而 Sora 和类似的视频生成 AIGC 产品则能够在短时间内生成高质量的视频内容，帮助企业节省视频制作成本。

麦肯锡全球研究院认为，生成式 AI 可以促使营销生产力的经济价值提升 5% ～ 15%。除了对营销生产力产生直接影响外，生成式 AI 还会引发连锁反应，进一步提高销售生产力。

Sora 具备强大的文生视频能力，其应用在电商领域，带来了一场内容创作及内容营销的产业革命。在 Sora 或类似的高效、高质量视频生成 AI 的帮助下，电商企业可以重新调配资源，为自有产品、品牌或渠道生产更高质量的内容，减少在外部渠道和代理上的支出。

2.2 产业赋能：市场与消费者向好

AI 产业市场规模不断扩大，入局企业与技术突破逐渐增多，为 AI 电商的发展奠定了基础。而 AI 在电商产业中的实际落地场景也不断拓展，逐渐形成清晰的产业链条。特别需要指出的是，年轻消费者群体的壮大也为 AI 电商的发展提供了支撑。

2.2.1 AI核心产业市场规模扩大

2024 年 9 月，商务部公布的一组数据彰显了我国在 AI 领域的成就：截至 2023 年底，我国 AI 核心产业规模接近 6000 亿元。这体现了我国 AI 产业的蓬勃发展，也预示了 AI 产业未来广阔的市场空间。

从企业规模角度来看，工业和信息化部 2024 年 4 月公布的信息显示，我国 AI 领域相关企业数量超过 4500 家。《北京人工智能产业白皮书（2024）》（以下简称《白皮书》）显示，北京人工智能企业已达 2400 家，同比增长 9% 以上。这些企业涵盖芯片、算力、数据、平台、应用等多个领域。

从投融资角度来看，AI 核心产业相关投融资活跃度高，发展规模持续增长。以北京为例，《白皮书》显示，2024 年前三季度 AI 核心产业的社会融资规模约 320 亿元，同比增长 84%。这显示了市场对 AI 核心产业发展的信心。

从技术创新角度来看，大模型、生成式 AI 等核心技术取得了突破。《生成式人工智能应用发展报告（2024）》显示，截至 2024 年 7 月，我国完成备案并上线的生成式 AI 服务大模型超过 190 个。这些大模型类型丰富，覆盖文本生成、图像生成、数字人生成等多个领域，逐渐进入人们生活的方方面面。

有分析师估算，生成式 AI 的价值创造潜力极为惊人。麦肯锡全球研究院的数据显示，到 2030 年，生成式 AI 有望为全球创造约 7 万亿美元的经济效益，而作为 AI 研发高地的中国，将凭借战略性投资贡献其中的 2 万亿美元。客户运营与服务、市场营销和销售、软件工程和研发无疑是最先受益的领域。

更需要关注的是，生成式 AI 有可能彻底改变人们的工作方式，通过自动化部分工作任务来增强个体工作者的能力。麦肯锡报告指出，生成式 AI 和其他技术有潜力使占据员工 60% ～ 70% 时间的工作内容自动化。这意味着劳动力转型的步伐可能会加快，一些人将被迫更换职业，需要学习新技能才能在 AI 时代找到新的工作岗位。

除了积极乐观地看待 AI 带来的生产力提升外，我们也需要客观地评估和管理 AI 替代人工的过渡和其他风险，确保其为经济增长作出实质性贡献的同时，构造一个包容且更可持续的世界。

2.2.2 认知：AI电商产业链图谱

当前，AI 电商已逐步形成了相对清晰的产业链图谱。这一图谱涵盖了从上游技术提供到下游应用与服务的各个环节，如图 2-4 所示。

1. 上游：提供 AI 技术

AI 电商产业上游企业主要聚焦 AI 相关技术的研发，如深度学习、计算机视觉、AI 芯片等。深度学习、计算机视觉是打造 AI 电商应用的基础，为推荐引擎、智能客服、图像识别等提供技术支持。而 AI 芯片及相关硬件设备能够为 AI 电商提供高效的计算能力。

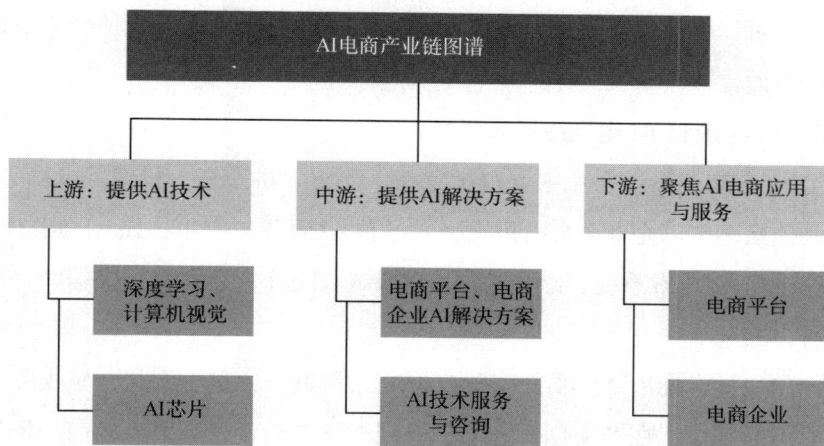

图2-4　AI电商产业链图谱

这一领域的代表企业包括英伟达、亚马逊 AWS、阿里云等，为 AI 电商提供了基础技术支持。2024 年末，亚马逊与半导体巨头联发科达成合作，将共同研发应用于 AI 数字人的芯片。该芯片面向 AI 数字人直播带货、虚拟客服等场景，为 AI 数字人的应用提供助力。

2. 中游：提供 AI 解决方案

AI 电商产业中游企业主要提供各种 AI 解决方案，如电商平台 AI 解决方案、电商企业 AI 解决方案、AI 技术服务与咨询等，代表企业包括阿里云、商汤科技、百度、腾讯等。

电商平台 AI 解决方案指的是针对电商平台的需求，提供定制化的 AI 解决方案，包括推荐系统、智能客服等。电商企业 AI 解决方案指的是智能库存管理、销售预测等方面的解决方案，主要为企业运营提供 AI 技术支持，帮助其提升运营效率。AI 技术服务与咨询指的是提供 AI 技术咨询、培训、集成等服务，帮助电商平台或电商企业更好地应用 AI 技术。

基于大模型能力提供 AI 电商解决方案是当下的一种重要趋势。2024 年 3 月，百度智能云推出了多款面向企业的大模型应用，包括百度智能云一念、百度智能云曦灵等。百度智能云一念是营销内容创作平台，它能够理解企业提供的各种素材，并根据要求生成营销文案、营销视频等，帮助企业快速生成创意营销内容。百度智能云曦灵是数字人平台，可以提供一站式数字人服务。企业可以借助该平台构建个性化数字人，并将其应用于直播带货、视频制作等方面。

3. 下游：聚焦 AI 电商应用与服务

AI 电商产业下游企业主要包括京东、淘宝、拼多多、抖音等电商平台，以及其他众多电商企业。它们积极引入各种 AI 服务与应用，如 AI 创作工具、AI 驱动的智能搜索系统、智能客服、虚拟试衣间等，为商家提供辅助并提升消费者体验。

例如，抖音推出 AI 创作工具"即创"，帮助商家进行图文、短视频、直播等方面的创作。在图文创作方面，即创能够自动设计吸引人的商品详情图和图文排版；在短视频创作方面，即创能够智能匹配视频素材，快速生成高质量的视频内容；在直播创作方面，即创能够一键生成直播间背景，智能生成直播脚本。该工具的推出能够为商家赋能，提升商家营销内容创作效率和质量。

AI 电商产业链上、中、下游具有不同的发展路径，共同推动整个行业的进步。随着技术的发展和应用场景的拓展，AI 电商产业所蕴含的巨大潜力将逐渐被解锁。

2.2.3 年轻消费者壮大AI电商产业

艾媒咨询发布的《2024 年中国 AI 电商行业研究报告》显示，在 AI 电商行业消费者中，25 ～ 44 岁的消费者占比为 83.1%，也就是说中青年是电商行业消费主体。由此可见，年轻消费者已成为 AI 电商产业发展的重要驱动力。

一方面，年轻消费者的消费习惯与 AI 电商的特点高度契合。他们注重个性化、便捷性和高效性，这些特点在智能化电商平台上得到了充分体现。例如，电商平台通过大数据分析和 AI 算法，精准地推送符合年轻消费者个性化需求的商品，满足他们的消费需求。

另一方面，年轻消费者对新技术接受度较高。他们愿意体验 AI 驱动的购物服务，如智能推荐、虚拟试衣、智能客服等，对电商行业的技术创新充满期待。为了吸引年轻消费者，电商企业需要不断研发新技术，推出新产品和服务，从而推动整个产业的创新和发展。

同时，年轻消费者通常具有较高的消费能力和消费意愿，愿意为优质、个性化的产品和服务付费。通常情况下，创新性的产品或服务若能成功吸引首批愿意为其买单的种子用户，无疑预示着一个良好的开端。企业也可以从年轻消费者的体验中汲取反馈实现学习并迭代，这不仅有助于提升企业的市场竞争力，还有助于 AI 新技术的快速落地和迅猛发展。

此外，年轻消费者注重社交互动和分享，如果他们对电商企业的产品和服务感到满意，就会在社交媒体上分享和推荐。这为电商企业提供了宝贵的品牌曝光和口碑传播机会，有助于其吸引更多潜在消费者，塑造品牌形象，提升知名度。

2.3 企业赋能：巨头逐鹿的力量

在 AI 电商蓬勃发展趋势下，众多企业纷纷布局，积极探索市场中的新机会，并努力挖掘新技术带来的业务增长点。从历史发展路径来看，我们可以把这些企业分为传统电商巨头、新兴电商挑战者和跨界创新者 3 个类型。

2.3.1 传统电商巨头：保住电商头部地位

在 AI 电商发展潮流中，传统电商以其深厚的底蕴和稳健的步伐成为推动 AI 电商发展的重要力量。阿里巴巴、京东等电商巨头在电商行业深耕多年，拥有庞大的用户基数和稳健的运营模式，在电商行业占据领先地位。面对 AI 电商的兴起，这些企业并未墨守成规，而是积极拥抱变化，力求在新的竞争格局中保持并提升自己的竞争力。

对于传统电商巨头而言，入局 AI 电商并非跟风之举，而是基于对市场趋势的深刻洞察和对消费者需求的精准把握。这些企业深知，在 AI 技术日新月异的今天，只有紧跟时代步伐，将 AI 与电商深度融合，才能持续满足市场和消费者的需求，巩固并提升自己的市场地位。

阿里巴巴作为电商领域的领航者，其旗下业务集团淘天在这方面走在了前列。为了更好地应对 AI 电商的挑战，淘天集团整合了 AI 业务团队，打造了专门负责 C 端消费者、B 端商家等不同群体的专业团队，通过精准的分工和高效的协作，实现了 AI 在电商领域的多方面应用。这不仅提升了淘天集团的运营效率和服务质量，也为消费者带来了更加便捷的购物体验。

例如，淘宝推出了基于 AI 的虚拟试衣功能。该功能可以根据消费者的身高体重生成符合消费者身形的虚拟形象，并在此基础上展示服装的上身效果。该功能还能够展示不同服装的搭配效果，消费者可以根据自己的喜好选择不同的服装进行搭配，并查看搭配后的整体效果。此外，该功能还能够综合考虑服装款式、颜色搭配、消费者的身材特点等因素，为消费者提供个性化的穿搭建议。借助这一功能，消费者能够轻松找到适合自己的服装，获得更好的购物体验。

京东同样不甘示弱，在 AI 电商领域展现出强大的创新能力。京东自主研发的言犀产业大模型是其 AI 电商战略的重要支撑。这一模型不仅为京东零售提供了强大的技术支持，还通过京东云 AIGC 内容营销平台及一系列 AI 工具，为外部合作伙伴提供全方位的 AI 解决方案。这不仅提升了京东的竞争力，也为整个电商行业带来了新的发展机遇。

2024 年 12 月，京东发布了面向商家的言犀智能营销平台。该平台包括智能混剪平台、智能导购等十大 AI 营销产品，实现了营销内容生成、营销获客、导购等营销全链路的串联，为商家提供多方面的营销支持。

其中，智能视频混剪平台言犀秒创汇集了丰富的数字人形象和京东自营商品视频素材，能够根据用户输入的 SKU（Stock Keeping Unit，最小存货单位）信息自动提取商品卖点，生成高质量的商品宣传视频。智能导购言犀果果结合京东海量的咨询数据和专业的导购经验，能够依据不同的购物需求、决策阶段等给出个性化推荐，提高转化率。

基于言犀智能营销平台的多方面助力，商家营销迈入了 AI 自动化阶段。

传统电商巨头在 AI 电商领域的布局并非简单的技术堆砌，而是基于其长期的技术储备和产业发展洞察进行的深度创新。其通过整合内部资源、优化技术架构、提升服务质量等方式，实现了AI与电商业务的深度融合，为更多的电商企业赋能。

2.3.2 新兴电商挑战者：将电商业务进一步升级

在电商领域，新兴电商挑战者以敏锐的洞察力，从抓住消费者某一方面注意力的强场景切入，展开商品或服务交易，成为推动AI电商发展不可忽视的力量。

新兴电商挑战者主要包括新兴电商平台和有电商业务的互联网公司，如拼多多、字节跳动、快手等。这些企业凭借对消费者新兴需求的把握，力求在激烈的市场竞争中实现弯道超车，提升自己在电商领域的竞争力。

新兴电商挑战者之所以能够在AI电商领域迅速崛起，得益于其灵活的组织架构。相较于传统电商巨头，它们没有历史包袱，能够更快地响应市场变革和技术创新趋势。这种灵活性使其能够迅速捕捉需求或者技术带来的新机遇，并果断采取行动，从而在竞争中占据有利地位。

字节跳动旗下的抖音就是新兴电商挑战者的一个典型代表。抖音通过AI创新服务模式，成功地将直播带货业务推向新的高度。借助先进的AI技术，抖音能够精准分析用户兴趣和需求，为他们推荐符合其偏好的直播内容。同时，抖音还通过AI算法优化直播间的互动体验，提高用户参与度和黏性。这些创新举措不仅吸引了大量用户，也激发了商家的热情，直播带货逐渐发展成为抖音电商的一大亮点。

2024年12月，抖音推出AI导购服务"智能购物"。基于豆包大模型的支持，该服务能够精准理解用户需求和商品特性，为用户提供个性化购物体验。用户可以向AI提出问题，如"扫地机器人怎样选"。AI会从清洁能力、智能程度等多个方面进行阐述，并推荐相关商品。同时，用户还可以选择多个商品进行对比。AI会从功能、评价等多个维度对商品进行对比分析，帮助用户作出购物决策。

除了抖音，其他新兴电商挑战者也积极利用AI技术提升自身能力。拼多多通过 AI 技术优化推荐算法，提高了用户的购物体验；快手利用 AI 提升内容审核效率，保障平台健康有序发展。这些平台在 AI 电商领域的积极探索不仅促进了自身业绩的显著增长，也为电商行业树立了新的标杆。

随着新兴电商挑战者在市场上存续时间的增加，它们的"新兴"标签会逐渐淡化。想要在激烈竞争中保持创新优势和快速增长势头，就必须保持对市场趋势的敏锐洞察和对技术创新的持续投入。可以预见的是，新兴电商挑战者必将不遗余力地探索 AI 新技术在电商领域的落地，以推动自身能力的持续升级。

2.3.3　跨界创新者：非电商企业的AI布局

跨界创新者是指一些技术实力强劲、积极跨界探索电商业务的非电商企业，如百度、腾讯等。这些企业通常在 AI 技术方面具有优势，希望通过将 AI 应用到电商领域开拓更多业务增长点。

跨界创新者注重打造开放的 AI 生态体系。它们不仅关注自身在电商领域的发展，还致力于通过提供定制化技术解决方案赋能传统电商企业，推动整个电商行业的创新发展。这种开放、合作的态度，使跨界创新者在电商领域的影响力日益增强。

百度依托 AI 技术优势，打造了多样化的智能应用，助力电商企业发展。例如，百度推出基于 AI 的电商直播平台慧播星。该平台具备多种功能，为电商企业开启直播提供助力。

（1）形象生成。慧播星提供高度定制化的数字人主播生成方案，可以根据企业需求打造具有独特形象的数字人主播。

（2）语音生成。慧播星支持真人声音采集和克隆，能够生成自然、拟真的数字人声音。同时，慧播星还提供包含多种音色风格的带货语音库，以满足企业的个性化需求。

（3）互动问答。慧播星生成的数字人主播能够基于商品详情和用户提问，与用户实时互动并回答问题。企业可以创建商品问答库，选择 AI 生成问答、手动添加等，如图 2-5 所示。

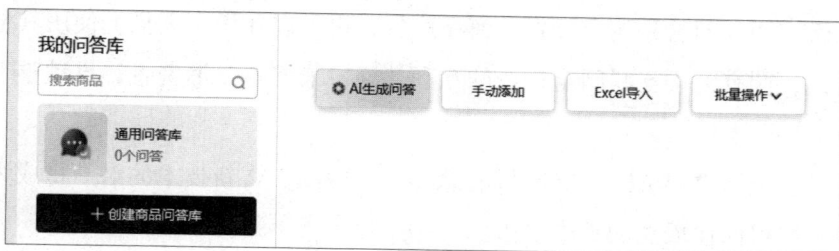

图2-5　问答库设置

（4）脚本生成。慧播星支持专业带货脚本生成，同时可根据企业需求进行个性化定制。企业只需上传商品详情、商品卖点、优惠福利等信息，并选择合适的主播风格，系统即可生成流畅的直播脚本。

（5）智能装修。慧播星提供智能装修功能，能够基于AI生成直播间背景图、贴图等素材，实现直播间的快速装修和个性化定制。

除了慧播星，百度旗下AI应用还有智能客服系统、智能营销平台等，可为电商企业提供多方面的技术支持。

腾讯也基于AI技术助力电商发展。在物流方面，腾讯基于在AI领域积累的技术优势，可提供证件识别、视频监控等多方面的应用。在证件识别方面，腾讯以货运物流证件识别大模型为切入点，打造强大的OCR（Optical Character Recognition，光学字符识别）智能识别大模型能力，实现了各种物流证件和回单的智能识别与处理，提升了服务效率。在仓库监控方面，腾讯通过融入AI算法的视频监控，为仓库提供智能化监控管理，实现了异常状况实时发现和上报，确保仓库安全。

在跨界创新者的推动下，电商领域的平台、品牌和企业得以拥抱更丰富的AI产品和工具，从而优化业务流程、提升用户体验、降低运营成本。

AI的应用也为电商企业带来了更多的商业机会和创新空间。例如，借助AI，企业可以更精准地分析用户需求，实现个性化推荐；优化供应链管理，提高库存周转率；利用AI客服系统提升客户服务质量。

除了技术上的创新，在政府牵头主导下，跨界创新者越发注重与传统和新兴电商平台的合作与交流。它们通过提供技术支持、共享数据资源等方式，逐步破除"隔离墙"。例如，基于微信体系和阿里体系的互联互通，消费者可以在微信朋友圈看到淘宝天猫的商品广告，也可以在淘宝天猫上使用其他支付方式。这有助于互联网全行业的互利共赢，最终惠及消费者，推动整个电商行业协同发展。

随着全球迈向 AI 驱动的时代，如何充分释放 AI 新技术的潜力将成为各大组织取得商业成功的重中之重。

AI

第 3 章

AI 预测：为运营与获客带来质变

电商企业的运营离不开对市场的科学预测，而 AI 预测在电商领域的应用，可以带来电商运营和获客效率的质变。通过机器学习算法，AI能够精准预测消费者需求、市场趋势变化，为电商企业运营提供精准的数据支持，助力精准营销与获客，实现持续学习持续优化的良性循环。

3.1 精准的AI市场预测

相较于传统市场预测方式，基于大数据和先进算法的 AI 预测能够实现主动预测、全方位市场分析等，精准预测市场需求变化，助力电商企业提前布局，抓住发展机遇。

3.1.1 被动响应VS主动预测

AI 市场预测的实现重塑了电商企业的运营模式，提升了市场响应速度。传统预测方法依赖于市场调研、消费者反馈和基础数据分析，存在明显的局限性：数据收集和处理效率低下，导致预测结果不够准确和及时。同时，市场调研受限于样本数量和地域分布，难以全面反映市场需求。基于历史数据的数据分析也难以捕捉市场动态变化和新兴趋势。

这种被动响应模式使电商企业在面对市场变化时显得力不从心，常常错失市场先机。随着 AI 技术的成熟，其在市场预测方面的应用也更加深入。AI凭借强大的数据处理能力和模式识别能力，通过分析消费者购买行为、搜索记录等多维度数据，深入挖掘消费者需求，实现对市场趋势的精准预测。

相较于传统的被动响应模式，AI 带来的主动预测模式具有两大优势。

一是提升市场响应速度。在被动响应模式下，电商企业往往在市场变化发生后才进行调整，响应滞后。主动预测模式能够帮助电商企业在市场变化之前作出预判，并提前制定相应的策略。这种快速响应能力有助于企业抓住市场机遇，规避潜在市场风险。例如，通过 AI 市场预测，电商企业可以主动预测哪些商品受消费者青睐，从而提前调整库存和营销策略。

二是实现个性化服务。除了主动预测市场趋势外，AI 还能够对消费者特征、行为数据等进行分析，主动预测消费者的个性化需求，进而指导电商企业提供个性化服务。这能够提升消费者的购物体验和对企业的忠诚度。例如，通过主动预测消费者的购物偏好，电商企业可以为消费者提供个性化的商品推荐，提高消费者的满意度。

总之，从被动响应到主动预测的进化，使电商企业能够在市场变化过程中掌握更多主动权，更加灵活地应对市场变化，提升市场竞争力。

3.1.2 收集数据，全方位分析市场

AI能够高效收集和处理来自多个渠道的数据并进行全面分析，为电商企业提供准确的信息支持。

（1）整合内部数据。电商企业拥有大量的内部数据，如用户数据、销售数据、商品数据等，AI能够更高效地整合这些数据，形成统一的数据图。

（2）抓取外部数据。通过爬虫技术或者与 OpenAPI 对接，从社交媒体、行业报告、竞争对手网站等外部数据源抓取相关数据。

（3）监控实时数据。实时监控电商平台交易数据、用户行为数据等，帮助电商企业获得最新的市场信息。

在数据整合基础上，AI能够对数据进行深入挖掘和分析，为电商企业提供全方位的市场分析，如图 3-1 所示。

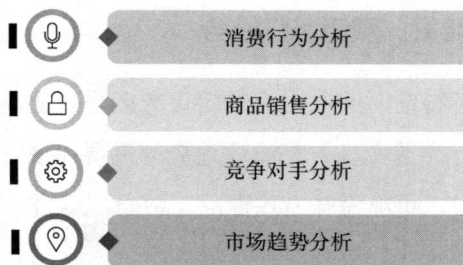

图3-1 AI助力电商企业全方位分析市场

1. 消费行为分析

一方面，AI能够根据消费者的购买历史、搜索历史、兴趣偏好等，预测消费者未来需求，为电商企业的库存管理和营销策略制定提供依据；另一方面，AI能够分析消费者对商品、平台服务的评论和反馈，帮助电商企业了解

消费者的情感倾向和满意度，进而改进商品或服务。

2. 商品销售分析

AI 能够实时监控商品销售数据，包括销量、销售额、退货率等，并进行深度分析。这有助于电商企业根据销售数据预测商品需求，避免库存积压或缺货，提高库存周转率。同时，AI 通过分析商品销量、消费者反馈等数据，能够帮助电商企业识别畅销与滞销商品，为商品调整和新品开发提供依据。

3. 竞争对手分析

AI 能够监控竞争对手动态，如价格策略、促销活动、新品发布等，并进行价格走势、促销策略等方面的分析。这有助于电商企业根据竞争对手的价格调整自己的价格，制定更有效的促销策略，根据竞争对手的新品发布趋势调整新品开发计划等。

4. 市场趋势分析

AI 能够根据市场历史数据和实时数据，借助机器学习算法预测未来的商品销量、消费者需求、行业发展趋势等。基于此，电商企业可以提前调整商品结构和营销策略，根据行业发展趋势制定长期发展规划。

基于强大的数据分析与预测能力，AI 能够帮助电商企业更全面、更深入地了解市场动态，为企业科学决策提供有力支持。

3.1.3　捕捉线索增量，预测流行趋势

销售线索增量指特定时间段内商品销售数据呈现的新增趋势，包括销售额增长、用户购买行为转变等，是流行趋势的重要体现。例如，当某种商品的销售量突然增加时，可能意味着该商品正流行。AI 能够捕捉市场变化并预测未来走向，为电商企业提供及时的市场洞察。

通过高效整合来自多个渠道的销售线索增量数据（如交易记录、用户行为日志、社交媒体反馈），AI 可以为模型训练与预测奠定基础。同时，通过先进算法，AI 能够从海量销售线索中提取关键信息，以识别潜在流行趋势。例如，通过分析消费者购买行为变化，AI 可以发现哪些商品类别更受青睐，从而预测未来市场走向。

此外，AI能够基于根据历史销售数据及当前市场情况构建的预测模型综合考虑季节性波动、促销活动及消费者偏好变化等因素，使预测结果更加准确。通过销售线索增量捕捉与模型预测等手段，AI可以帮助电商企业更好地把握消费者需求与市场动态，从而优化运营。

3.2 千人千面：智能匹配需求

借助AI预测的强大能力，电商企业能够在需求预测、用户交互、用户分析等方面实现创新，智能匹配用户需求。这能够给用户带来千人千面的购物体验。

3.2.1 告别流量购买与标签时代

在传统电商模式中，需求预测主要依赖历史销售数据、市场调研及用户标签，存在显著局限性。

历史销售数据和市场调研仅反映过去的销售情况和当前的市场态势，难以准确预测未来市场变化。同时，基于用户标签预测用户需求的方式忽视了用户的个体差异和需求的动态变化，导致预测结果不够准确。在快速变化的市场环境中，这种滞后性可能使电商企业错失良机。

随着AI技术的发展，电商需求预测突破了传统流量购买与标签的限制，实现了更全面、更精准的预测。AI能够收集并整合多渠道数据，进行多维度分析，从而捕捉更多潜在市场机会。同时，AI可以实现海量数据动态收集与实时分析，快速生成预测结果，帮助电商企业迅速响应市场变化。

此外，AI还能够基于不同用户的历史行为数据提供个性化需求预测，从而帮助企业制定更加精准的营销策略，提高转化率。

例如，某电商企业积极引入AI技术优化运营，在需求预测方面构建了AI驱动的智能补货系统和动态定价系统。

1. AI驱动的智能补货系统

该企业全面收集与分析不同地区、不同商品的历史销售数据，包括销量、购买时间和购买者地域分布等，为精准预测奠定基础。基于这些数据，该企业构建了 AI 预测模型，综合考虑多种因素，如季节变化、促销活动、用户行为等，准确预测了未来的商品需求趋势。

根据需求预测结果，智能补货系统自动触发补货指令。当预测到某地区或某商品的库存即将不足时，系统会自动向供应商或仓库发送补货请求，确保库存充足。这大幅提高了库存周转率，降低了缺货风险。

2. AI 驱动的动态定价系统

该企业还打造了基于 AI 的动态定价系统。该系统能够实时监测市场供需变化、竞争对手价格及商品热度等关键信息，并据此实时调整商品价格，以确保商品在市场上的竞争力。当价格呈现上涨趋势时，系统会适当提高商品售价以获得更多利润；当价格呈现下跌趋势时，系统会适当下调商品价格以保持价格竞争力。

通过以上探索，该企业在精准需求预测的基础上提高了运营效率和盈利能力，实现了更好的发展。

3.2.2　对话式AI：与用户深入连接

对话式 AI 是一种基于自然语言处理和语音识别技术，通过文本、语音等方式与用户实时互动的智能应用。在电商领域，对话式 AI 的应用改变了用户与电商平台的互动方式，加深了用户与电商平台的连接。对话式 AI 可以担任导购、客服等角色，为用户提供更加便捷、个性化的购物体验。

对话式 AI 的优势体现在以下 3 个方面，如图 3-2 所示。

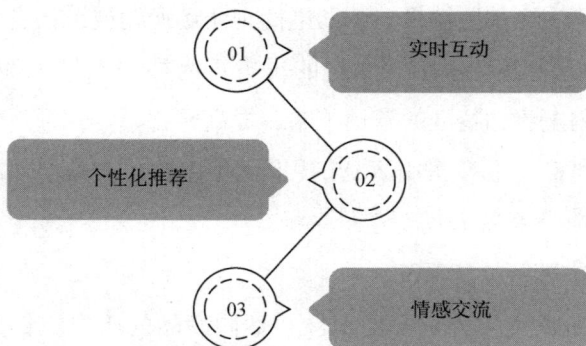

图3-2　对话式AI的优势

1. 实时互动

在购物过程中，用户可能对商品信息、尺码选择、物流情况等产生疑问。对话式 AI 能够实时响应用户问题，为用户提供多方面的信息。这种实时互动改善了用户的购物体验，降低了用户因问题得不到及时解决而流失的风险。

2. 个性化推荐

对话式 AI 通过分析用户的购物历史、浏览记录、搜索习惯等数据，为用户提供个性化的商品推荐。这提高了用户找到心仪商品的效率，进而促进了转化。例如，当用户频繁浏览某一类商品时，对话式 AI 会自动推荐相关或类似商品，帮助用户发现更多潜在的选择。

3. 情感交流

对话式 AI 具有情绪感知功能，能够感知到用户的情绪变化，并调整沟通策略。例如，当用户表达不满时，对话式 AI 会向用户解释原因，采取温和的沟通方式，提供贴心的服务，以安抚用户的情绪。

许多电商平台已推出智能对话式 AI。例如，京东推出的智能客服"京小智"便是典型代表。京小智基于京东多年沉淀的 AI 技术和模型训练成果，拥有卓越的自然语言理解和处理能力，能够理解用户关于商品咨询、售后服务、个性化推荐等方面的疑问，并给出精准的回应。

在实际应用中，京小智展现出强大的服务能力。它可以在短时间内处理大量的用户咨询，根据咨询内容提供个性化推荐和服务建议，提高用户满意度。此外，它还能够将复杂问题转接给人工客服，以保证服务质量。

基于背后的言犀大模型，京小智的服务能力将在应用中持续迭代优化。

3.2.3 通过AI建立用户画像

借助 AI 建立用户画像，进而根据用户的特点与需求提供千人千面的体验，已经成为电商行业发展的一个重要趋势。在 AI 助力下，电商企业能够高效地处理和分析海量用户数据，构建精准的用户画像。

在数据采集阶段，电商企业可以利用 AI 从多渠道收集用户数据，包括用户在平台上的注册信息、购物记录、浏览记录、社交互动等。这些数据为画像构建提供了丰富的信息来源。由于原始数据往往存在噪声、重复、缺失等问题，因此需要进行数据清洗和整合。电商企业可以借助 AI 自动识别并纠正数据错误，将不同来源的数据整合为统一结构化格式。

在数据清洗和整合的基础上，电商企业可以利用 AI 进行特征提取，识别出能够反映用户行为和偏好的关键特征。将这些特征进一步标签化，可形成用户画像标签体系，如年龄、性别、地域、消费能力、购买偏好等。最终，在这些特征与标签基础上，可以构建完善的用户画像。

基于用户画像，电商企业可以为每位用户提供个性化购物体验。通过分析购物历史、浏览记录及搜索行为等多维度数据，企业可以构建个体用户级别行为轨迹和偏好档案，包含兴趣偏好、购物习惯、消费能力等关键信息，以便针对不同用户提供个性化商品推荐。

此外，通过了解不同消费能力与购物偏好的用户群体，企业可以制定更加精准的营销策略，以吸引目标客户群体。例如，针对高消费能力用户，电商企业可以推送高端品牌商品广告或限量版商品抢购信息，以满足这些用户对品质和独特性的追求；针对偏好促销活动的用户，电商企业可以推送优惠信息、限时折扣或满减活动，以吸引这些用户下单购买。

通过实时分析用户行为与需求，电商企业可以为用户提供更贴心的服务。例如，当用户咨询商品信息时，系统可以自动提供相关的商品详情、价格、评价等信息，帮助用户更快地作出购买决策。同时，系统还可以根据用户的购物历史和偏好，为用户提供个性化的售后服务，如延长保修期、优先发货等。

总之，借助 AI，电商企业可以建立更加精准的用户画像，并以其为指导进行精细化运营。需要注意的是，电商企业需要定期更新用户画像，使其能够反映不同时期用户的真实需求，始终为用户提供精准的个性化服务。

3.2.4　AI时代的强需求反馈机制

在 AI 时代，电商企业能够通过反馈机制为用户提供高度个性化基础上的双向互动体验。这一机制不仅能够实时收集和分析用户数据，还通过 AI 的预测与学习能力，促进了企业与用户之间的互动，从而快速、准确地回应用户在电商平台上的疑问和评价，改变传统单向信息传递为真正的双向互动。

电商企业如何构建基于 AI 的强需求反馈机制？如图 3-3 所示。

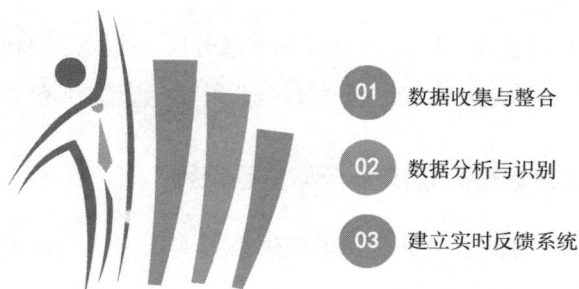

图3-3　电商企业构建基于AI强需求反馈机制的要点

1. 数据收集与整合

电商企业可以利用 AI 技术，高效地从多个渠道（如网站、社交媒体等）广泛收集用户评价和反馈数据，与行为数据、交易数据等整合。评价反馈数据的全面性、准确性很大程度上决定了后续分析和决策的准确性。"垃圾进垃圾出"（garbage in，garbage out）的原则是普遍适用的，而在双向反馈场景下这个问题会被放大：错误的输入导致 AI 错误的回答，引发更多的误解。

2. 数据分析与识别

电商企业可以借助 AI 对用户反馈进行智能分析，提取出用户反馈中的关键信息和情感倾向，了解用户的满意度、需求和潜在机会。同时，电商企业也可以借助 AI 算法对用户反馈进行分类和分析，从海量数据中提取有用的特征和模式。

3. 建立实时反馈系统

基于数据，AI 可以生成对用户评价反馈的回应并进行自动化处理，做到快速响应，构建智能化实时反馈系统。针对用户在电商平台提出的疑问，系统能够及时响应，给出合适的回答或解决方案；针对用户对商品的评论，系统能够及时回复，表达感谢、歉意或给出处理方案。系统还能与电商企业的客户关系管理系统、订单管理系统等集成，实现信息共享和协同处理。

在双向互动基础上，电商企业不仅可以快速响应，提升用户好感，还可以利用用户的建议优化产品和服务，做到以用户为中心的业务流程再造。

3.3　全流程商机预测与引导

AI预测在电商领域的应用能够实现情感分析、数据挖掘和商机洞察，从而实现全流程商机预测与引导，为电商企业科学运营提供有力支持。

3.3.1　自然语言处理：情感分析与主题识别

在电商领域，自然语言处理技术能够有效实现情感分析和主题识别，帮助电商企业深入地理解、挖掘需求。

情感分析旨在从文本中提取正面、负面或中性的情感倾向，电商企业可以借此获取除了人口统计学特征、行为记录外的新信息。例如，通过分析用户在商品评论、社交媒体等渠道的情感倾向，电商企业可以及时发现并应对用户的负面评价，如产品质量问题或服务不佳，从而提升用户满意度。电商企业可以基于用户的情感倾向制定精准的营销策略，如向对商品满意的用户推荐相关商品，向对商品不满意的用户提供补偿方案等。

某电商平台为了优化运营，收集了大量用户评论进行情感分析。通过对正面、负面和中性评论的分类，该平台发现，负面评论主要集中在商品质量参差不齐、物流速度慢等问题上。针对这些反馈，该平台加强了商品质量管理，推出惩罚措施以打击销售假货的行为，同时优化了物流体系，引入先进技术缩短配送时间。经过一段时间调整，该平台的用户满意度和转化率得以提升。

主题识别指的是基于自然语言处理技术，从海量文本中识别出讨论的主题。通过主题识别，电商企业可以发现用户对商品的主要关注点、兴趣和需求的变化等，了解市场趋势，进而有针对性地调整营销策略并开发新品。

例如，某家居电商企业通过主题识别提取出智能、系统互联等关键主题，并据此推出了连接各种智能设备的 AI 智慧屏。这一产品不仅支持用户发出指令，还能实现设备间及手机间的互动，为用户提供更便捷的使用体验。

通过情感分析与主题识别，电商企业能够加强对用户需求和市场动态的洞察，优化运营策略，实现高效发展。

3.3.2　数据挖掘：定义消费意图

AI 可以通过数据挖掘用户消费意图。利用复杂的算法和模型，AI 可以高效、准确地分析海量数据，揭示隐藏在数据背后的用户行为模式和消费意图。这为电商企业深入洞察用户购买习惯、偏好及潜在需求提供了决策依据。

具体而言，AI 在数据挖掘中的应用体现在多个方面，如图 3-4 所示。

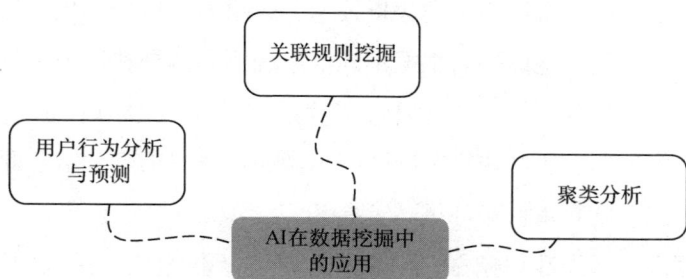

图3-4　AI在数据挖掘中的应用

1. 用户行为分析与预测

AI 算法能够深入剖析用户的购买历史、浏览记录、社交媒体互动等多维度数据，不仅揭示了用户的即时需求，还能预测其未来的购买趋势和偏好。这种深度洞察能够帮助企业制定更加精准和个性化的营销策略。

例如，某电商平台利用 AI 对用户的浏览、搜索、购买等历史数据进行深入分析，发现某些用户在浏览并购买特定商品后，很大概率会在一段时间后再次购买。基于这一洞察，电商平台通过邮件、App 推送等方式向这些用户发送定制化的优惠券和推荐信息，有效提升了复购率。

2. 关联规则挖掘

通过分析用户的购买记录，并结合其他信息，AI 可以更有效地识别出哪些商品经常被一同购买。这种关联性分析有助于企业优化商品组合和促销策略，提升销售效果。

例如，某电商平台发现，用户在购买婴儿奶粉时，通常也会关注纸尿裤、棉柔巾等商品，于是为用户推送了个性化商品组合，有效提升了购买转化率和客单价。有了 AI 的加持，关联规则挖掘的效率飞跃，降低了企业成本。

3. 聚类分析

AI 算法能够通过分析海量用户数据，进行更有商业价值的用户分群。每个群组内的用户具有相似的消费特征和消费倾向，指导企业针对不同群组制定差异化营销策略。这种细分市场策略有助于提高营销活动的针对性，最大化整体效果。

例如，某电商平台运用聚类分析技术，成功划分出"时尚达人""家居爱好者"等用户群组。电商平台根据不同群组用户的特征和行为预判制定差异化的营销策略，投其所好，"时尚达人"得到最新潮流服饰信息，"家居爱好者"得到装修宝典、收纳诀窍和家装家居商品优惠等信息。基于此，该电商平台的用户满意度和销售额都得到了提升。

通过深入的多维数据挖掘，AI 为电商企业提供全面、深入的用户洞察，有助于明确消费意图，更好地满足用户需求并促进转化。

3.3.3 从消费意图中洞察商机

在电商行业，AI 强大的洞察力和预测能力体现在从消费意图中捕捉商机方面。通过对消费意图数据的深入挖掘，AI 能够发现潜在机会点，帮助电商企业把握市场趋势、提前布局。

一方面，通过分析大量用户的消费意图数据，AI 能够预测市场发展趋势和潜在热点。这种预测能力对于电商企业至关重要。电商企业可以根据趋势预测调整产品策略、营销策略及库存管理策略。例如，AI 预测到未来一段时间内环保产品需求将大幅增加，那么电商企业就可以提前布局并增加相关产品的种类和库存，以满足市场需求。

另一方面，通过分析消费意图，AI还可以帮助企业探索全新的市场需求和潜在的产品创新点。例如，AI可以识别出用户对某种特定功能或设计的偏好，从而指导企业开发新产品。这种基于用户需求的创新方式不仅能提高产品的市场竞争力，还能降低企业的研发风险。

此外，通过对消费意图的分析，AI还可以预测未来销售趋势和库存需求，从而帮助企业提前调整库存水平，以避免库存积压或缺货。

精准的商机洞察具有巨大价值。例如，某电商平台利用AI深入挖掘消费者意图，成功推出符合市场趋势的新产品，实现业绩快速增长。该平台收集并分析大量购买数据、浏览记录及社交媒体互动信息，通过综合分析识别出健康、环保等关键词，并预测这些领域将成为未来消费热点。基于这一预测，该平台迅速调整产品策略，推出健康、环保类新产品，如天然有机材料制成的家居用品、环保服装等。这些新产品不仅满足了消费者需求，也提升了企业的品牌形象与市场竞争力。

从消费意图中洞察商机是电商企业持续发展的重要保障。随着市场环境不断变化，用户的需求和偏好也在不断变化。通过持续关注消费意图并挖掘商机，电商企业可以及时捕捉商机，抓住发展机遇，实现可持续发展。

3.3.4 索菲亚：多轮交互识别用户所想

作为家居行业领军者，索菲亚深刻理解精准识别并满足个性化需求的重要性。为了打破传统家居服务中的沟通壁垒，索菲亚携手百度打造了虚拟人家居空间规划师，利用AI技术进行创新。

虚拟人家居空间规划师不仅能够通过多轮交互深入理解用户的真实意图和家居需求，还能以温柔的声音、专业的形象和自然的动作与用户无障碍沟通互动。在多轮交互过程中，虚拟人家居空间规划师会运用其丰富的家居知识和专业的规划能力，捕捉与分析用户对装修风格、色彩搭配、材料选择等的需求，并主动引导用户进一步明确需求，如询问装修预算、家庭成员生活习惯等，以确保提供贴合实际需求的解决方案。

此外，虚拟人家居空间规划师还具备强大的信息整合和关联检索能力。

它根据用户的需求和偏好为其推荐附近的索菲亚线下门店，分享品牌最新优惠活动，提供个性化家居产品报价。这种一站式的服务模式不仅节省了用户时间，还提升了用户的购物体验。

索菲亚的这一创新举措展现了其对家居服务品质的不懈追求，同时体现出其积极响应市场变化与拥抱科技创新的态度。虚拟人家居空间规划师帮助索菲亚构建了新的服务模式，为家居行业树立了智能化服务的标杆。未来，索菲亚将继续探索 AI 技术在家居服务领域的新应用和新模式，为用户带来更加便捷、个性化的家居消费体验。

AI

第 4 章

AI 选品：好货才能真正引爆销量

在选品环节，识别出高品质且具有吸引力的商品是打造爆品、引爆销量的关键。AI能够帮助电商企业做好竞品分析，快速找到高潜力商品，并设计完善的选品方案。基于此，电商企业能够更好地推进货盘差异化策略，吸引更多流量，实现高效转化。

4.1 差异化策略：智能竞品分析

在选品之初，电商企业首先需要进行竞品分析，以明确竞品特点和潜在选品方向。在这一过程中，AI能够自动收集竞品数据并进行智能分析，生成竞品分析报告，提供可行的选品建议。在AI的指导下，电商企业能够更精准地设计差异化策略，从一众竞争对手中脱颖而出。

4.1.1 AI驱动的竞品数据收集

竞品分析的第一步是收集相关数据。通过了解竞品的特点、价格、销量等信息，电商企业可以更好地定位自己的产品并优化选品策略。以往这一过程需要花费大量时间和精力，而今借助AI，竞品数据收集变得更加高效。

应如何利用AI和相关技术收集竞品数据？如图4-1所示。

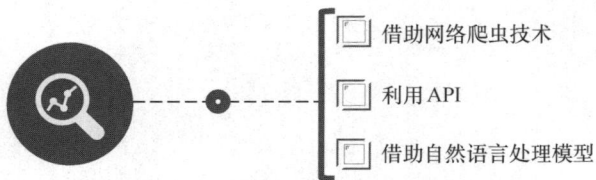

图4-1　利用AI和相关技术收集竞品数据的方式

1. 借助网络爬虫技术

AI驱动的网络爬虫可以自动浏览电商平台、品牌官网等，提取竞品的相关数据。网络爬虫可以根据预设的规则识别网页上的商品名称、价格、销量等信息。例如，在电子产品电商网站，爬虫可以爬取不同品牌手机的型号、存储容量、颜色、价格、销量排名等数据，并将这些数据整理成结构化格式，方便后续分析。随着AI技术的发展，构建爬虫程序成本极低，具备基础网页开发知识的业务人员在辅助编程的AI Agent协助下，可以非常便捷快速地完成相关工作。

2. 利用API

许多电商平台和数据服务提供商提供API（Application Programming Interface，应用程序编程接口），为获准访问的人直接提供行业和同类型"玩家"的数据。例如，亚马逊的MWS（Marketplace Web Service，商城网络服务）API允许第三方开发者访问产品数据、订单数据等，国内主流电商平台也有类似的服务。这方便电商企业更便捷地获取最新、规范、准确的相关数据。

3. 借助自然语言处理模型

在电商和本地生活平台的用户评论区及社交媒体平台上，存在大量有价值的用户数据。通过应用自然语言处理模型，企业可以收集用户对自身产品或者行业类似产品的评价数据，高效识别语义并提取关键信息，如用户对竞品质量、功能、外观等方面的满意度，从而了解相关产品的优缺点。

利用AI和相关技术自动收集竞品数据具有多种优势，如下所示。

（1）能够覆盖电商平台、社交媒体、行业报告等多个渠道，确保数据的广泛性和多样性。

（2）AI能够全方位、更高效地监控市场动态，包括价格变动、新品发布等关键信息，确保企业能够掌握市场最新趋势和变化。

（3）AI还能够确保数据准确性。它能清洗噪声和重复数据，对数据进行校验与修正，从而保证一致性。

（4）AI能够智能识别关键信息并进行分类，为竞品分析提供有力支持。与人工收集数据相比，AI自动收集数据的效率明显更高。

基于以上优势，借助AI收集分析竞品数据已经得到广泛应用。在实践中，电商企业可借助一些"AI+RPA"（Robotic Process Automation，机器人流程自动化）智能应用，实现竞品数据收集。例如，"赤兔采集"是一款专为拼多多设计的数据采集工具，其支持目标店铺全部数据的采集，如商品信息、价格、销量等，能够帮助电商企业全面了解行业和竞品信息。赤兔采集的采集方式包括：

（1）关键词采集。赤兔采集可根据给出的关键词抓取相关商品数据。例如，对于"冬季保暖用品"这一关键词，它能够快速采集拼多多上所有相关商品信息，包括商品标题、价格、销量等，帮助电商企业了解竞品在特定关键词下的竞争态势。

（2）类目采集。赤兔采集按不同的商品类目进行数据采集，以帮助电商企业汇总某一类目下的所有竞品数据，从而掌握该类目的整体市场情况，如各品牌的市场占有率、不同价格段的商品分布等。

（3）榜单采集。赤兔采集实时获取拼多多榜单数据，包括热销榜和新品榜等，以帮助电商企业了解榜单上竞品的排名和数据变化，进而调整选品策略。

此外，该工具支持实时追踪和更新数据，电商企业可以在第一时间掌握最新动态，如价格变动、销量趋势变化等，以便迅速反应。除了拼多多外，赤兔采集还支持淘宝、京东等多个电商平台的数据采集，实现跨平台的数据融合。

其他工具如"实在智能取数宝""生意管家"等也能实现类似功能，助力电商企业快速准确地收集海量的行业和竞品数据，从而利用数据优化商业策略。

4.1.2 智能分析竞品评论等文本数据

除了在竞品数据收集和预处理方面得到应用，AI还被应用于行业和竞品数据的智能分析和洞察挖掘，特别是一些以前不容易处理的非结构化数据，如用户对竞品公开的评价和评论。自然语言处理、基于时间序列的预测模型等AI技术，在智能分析竞品评论方面可以发挥以下作用。

（1）情感倾向分析。AI可以对竞品评论进行情感倾向分析，区分出正面、负面和中立评论。这有助于企业了解用户对竞品的整体满意度和情感倾向，从而调整产品和服务策略。

（2）主题提取。AI能够从竞品评论中提取出关键主题和讨论点，如产品质量、功能特性、价格等。这些主题反映用户的主要关注点，有助于企业了解市场趋势和用户需求。

（3）问题识别。AI能够识别竞品评论中用户提到的问题和不足，如产品质量问题、售后服务问题等。针对这些问题，AI可以为企业提供改进建议，以优化产品和服务，提升用户满意度。

（4）趋势预测。结合竞品评论中的信息，AI 可以预测竞品未来的市场趋势和用户需求变化，从而帮助企业提前布局，制定更具前瞻性的竞争策略，抢占市场先机。

当前市场中已有一些 AI 评论分析工具，如"卖家精灵""魔法 AI"等。

卖家精灵为亚马逊商家提供基于平台上用户评价和评论的一站式竞品分析解决方案，它可以快速抓取并分类评论内容，深入挖掘关键问题与用户需求。此外，它还提供趋势预警功能，以帮助商家及时发现潜在问题并避免负面影响扩大。

魔法 AI 则能够根据输入的链接，一键生成竞品评论分析结果，包括优势与劣势、特性关键词及相关的优化建议等。例如，对于某款服装，它能指出舒适度高、图案印制质量好等优势，以及尺码偏小、价格偏高等劣势，并给出特性关键词。最后，根据以上分析，它会提出可行性建议，如增加尺码范围、给予更多优惠等。

这些 AI 评论分析工具显著提高了竞品分析效率与准确性，为电商企业科学决策提供了有力支持。

4.1.3 迅速生成竞品分析报告

在完成竞品数据收集与分析后，AI 还能够生成详尽的竞品分析报告，为电商企业提供深刻洞察。通常，这些报告包括以下内容，如图 4-2 所示。

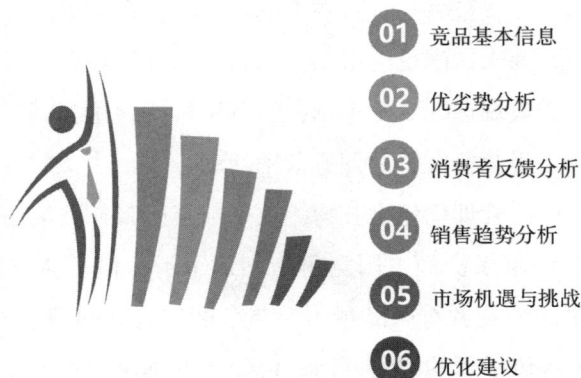

01 竞品基本信息

02 优劣势分析

03 消费者反馈分析

04 销售趋势分析

05 市场机遇与挑战

06 优化建议

图4-2 竞品分析报告包含的内容

1. 竞品基本信息

竞品基本信息包括竞品名称、品牌、类别、价格范围、目标市场等。

2. 优劣势分析

全面罗列竞品的各种优势（如耐用、高效节能、易用、舒适度高等）以及劣势（如价格偏高、存在设计缺陷、售后服务较差等）。

3. 消费者反馈分析

消费者反馈分析包括消费者给出的正面反馈（如对竞品的外观、性能等表示满意）以及负面反馈（如对竞品的售后服务不满等）。同时，消费者反馈还包括消费者对竞品的期待，如对竞品未来功能的期待、对价格优惠的期待等。

4. 销售趋势分析

在销售趋势方面，竞品分析报告通常会表明竞品近期销量呈现增长或下降趋势，并指出原因，同时会给出竞品的市场份额及在市场中所处的地位。

5. 市场机遇与挑战

竞品分析报告会指出在什么样的市场机遇下竞品有望拓展新的市场领域，以及竞品目前面临着怎样的挑战。

6. 优化建议

最后，竞品分析报告会根据对竞品的分析给出优化建议，包括改进建议、营销策略建议、售后服务建议、市场定位建议等。

AI能够帮助电商企业特别是中小企业更低成本地撰写比较规范的竞品分析报告，协助企业决策者有针对性地制定差异化策略。

（1）可以识别尚未被满足的市场需求，从而开发卖点独特的新产品。

（2）根据市场表现选择目标市场，实现定位差异化。

（3）打造区别于竞争对手的创意营销活动。

（4）通过供应链管理优化提升物流效率与售后服务质量。

某电商企业的市场份额曾因竞争激烈而下滑，借助AI进行竞品分析，该企业敏锐洞察到消费者对产品耐用性与个性化服务的需求未被充分满足。这一发现为企业提供了新的战略方向，促使企业迅速调整产品线并推出可定制服务，提高了用户体验。此外，该企业还优化供应链体系以确保商品快速送达，并提供优质售后服务。这些举措提升了运营效率和消费者忠诚度。最终，该企业成功实现了市场份额逆转，在竞争中站稳脚跟。

4.2　AI重塑传统选品

AI 从多方面重塑传统选品流程，包括迅速识别高潜力商品、结合热点锁定热销商品、建立商品投放组合矩阵等。借助 AI 技术，电商企业能够迅速找到高潜力商品并完善选品方案。

4.2.1　迅速识别高潜力商品

通过对海量数据的收集与分析预测，AI 能够迅速识别出高潜力商品，为电商企业选品提供指导，步骤如图 4-3 所示。

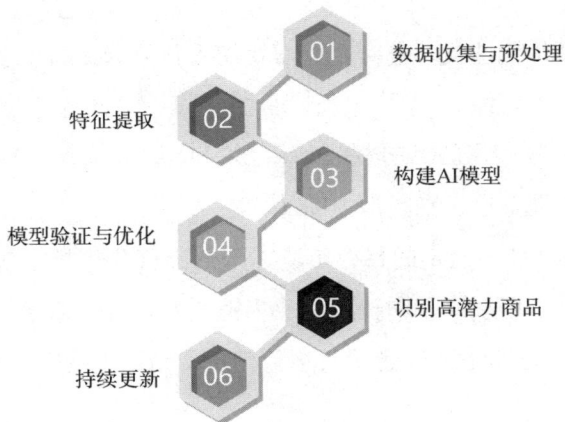

图4-3　借助AI识别高潜力商品的步骤

1. 数据收集与预处理

电商企业可以借助 AI 收集与商品相关的各种数据，包括历史销售数据、消费者行为数据、社交媒体数据、竞争对手数据等，同时借助 AI 对这些数据进行清洗和整理，确保数据的准确性和可靠性。这些数据是 AI 进行预测和分析的基础。

2. 特征提取

电商企业需要在众多特征中提取出与商品潜力相关的关键特征，如价格、质量、功能、设计等，这一环节同样可由 AI 完成。

3. 构建 AI 模型

电商企业需要根据业务需求选择合适的模型（如机器学习或深度学习），将预处理后的数据输入模型进行训练，并不断调整参数以提高预测准确性。

4. 模型验证与优化

电商企业需要通过交叉验证法对训练好的 AI 模型进行验证，在真实环境中评估其预测性能，并根据结果进行必要调整。

5. 识别高潜力商品

电商企业可以利用模型发现高潜力商品，通过智能分析预测未来销售趋势及市场份额，并评估产品竞争力，进而通过对比备选产品的表现，识别出潜在明星单品，集中资源进行单点突破。

6. 持续更新

模型需不断优化迭代。电商企业需要使用新数据更新模型，保持识别与预测的准确性和时效性。

目前已有一些实用的 AI 选品工具，如 MarketFinder、Algopix，可以实现前述功能，帮助企业识别高潜力商品。

MarketFinder 基于选定的目标市场，筛选出符合市场需求的热门商品及细分品类，提供市场规模、增长趋势、热销产品列表等信息，同时识别同类产品的热销款式、价格区间、评价反馈等信息，帮助电商企业获取市场洞察，找到高潜力商品。

Algopix 集成了市场分析、竞品分析、销售预测等功能，可以实现多个电商平台的数据分析，对比同类产品或者相关产品的价格、销量、评价等数据。同时，它也支持基于历史数据运用 AI 算法进行预测。

4.2.2　结合当下热点锁定热销商品

结合当下热点锁定热销商品是电商选品的重要策略，因为热点反映了市场的关注焦点和消费者兴趣。通过热点分析，电商企业可以捕捉到市场变化，为某些商品成为热销商品创造契机，实现更好的转化。在这方面，AI 能够快速发现热点并锁定热销商品。

社交媒体平台如微博和抖音是获取市场热点的重要渠道。通过监测热门话题和流行趋势，AI能发现当前热门产品及潜在消费需求。例如，当明星推荐某款产品时，该产品往往会迅速走红，AI则可以及时推荐类似产品。

AI还能够自动收集搜索引擎上的热门关键词和搜索趋势，以了解消费者正在寻找什么产品。同时，它也会监测相关行业动态和新闻，以便及时发现新的市场机会。

通过海量的舆情数据收集与分析，AI可为电商选品决策提供科学依据。目前已有一些实用工具，如TrendTok、Piksel，可以帮助企业监控社交媒体并找到热销商品。

TrendTok通过分析TikTok上的热门标签、内容趋势等，帮助企业更准确地了解哪些商品和类别正受到广泛关注。Piksel能够提供多样化的商品分析，包括销售数据分析、市场趋势分析，帮助企业识别市场上的热销商品，监控竞争对手的表现，并提供实时的数据支持，以便企业及时作出决策。

以在TikTok上寻找热销商品为例，跨境电商企业可以通过以下步骤利用这些AI工具。

1. 设定筛选条件

为确保获取到相关领域的最新数据，企业需要在TrendTok中进行筛选设置。

（1）选择目标市场，如北美、欧洲等。不同区域的市场需求和消费者偏好存在较大差异，精确的市场细分可帮助企业获得更有针对性的信息。

（2）选择内容类别，如美容护肤、家居用品等。

（3）输入与内容类别相关的热门关键词，如护肤、家居装饰等。关键词的选择需要根据消费者兴趣、市场动态等确定，体现企业对目标市场和目标人群行为的基础认知。

2. 分析热门内容

企业可以利用TrendTok查看哪些标签和视频正在快速升温，进而了解哪些商品类别正引领市场潮流，同时关注TikTok上的热门话题和事件，以把握消费者兴趣与需求。

3. 分析消费者喜好

企业可以利用 Piksel 分析商品的点赞、分享、评论数据，评估在售商品的用户喜好度；研究市场上消费者的声音、行为及同类型产品的消费者推广策略，学习成功经验，寻找差异化机会。

4. 查看商品表现

企业可以利用 Piksel 获取热门商品的实际销售数据和趋势预测，评估其在市场上的表现和潜在的销售机会。基于此，企业可以判断哪些商品有更高的市场需求。

5. 优化选品决策

在以上分析基础上，企业可以选择表现优异的商品。例如，某款护肤品在 TikTok 上获得大量关注，企业可以考虑引入这款护肤品，并制订相应的资源投入计划以提升该产品的曝光率和销售量。

总之，通过应用 TrendTok、Piksel 等 AI 工具，电商企业可以快速、准确地识别热门商品，从而优化电商选品策略，实现更好的转化效果。

4.2.3 矩阵：更复杂的商品组合

在选品环节，构建完善的商品矩阵、实现多品类商品组合投放是提高销售效果的重要手段。消费者的需求是场景化的，例如，美妆类目中防晒、卸妆、洁面等产品具有高度关联性，以组合方式展示或者推广这些产品，往往能产生"1+1>2"的效果。

在相关技术不断进步的今天，AI 可以辅助企业实现更快、更好且成本更低的数据挖掘。通过深度学习、机器学习等先进的数据挖掘方法，企业可以识别不同商品之间的关联性，从而找出能产生更好销售效果的组合。同时，通过预测模型模拟不同组合的销售效果，AI 可以为企业提供最优的销售策略建议，如增加或减少某些单品，调整组合中各单品的比例等，以实现销售效果最大化。

例如，某知名电商公司为提升竞争力决定借助 AI 优化其选品矩阵。通过运用深度学习算法，该公司识别出不同选项间关联性并据此制定捆绑销售策略，如将手机、配件、外饰等相关产品进行动态组合，为不同需求的消费者提供个性化购物建议，提升整体销售额。

同时，AI还根据历史销售数据和当前市场趋势，预测了未来一段时间各商品的市场需求。基于预测结果，该公司为个性化的交叉销售、向上销售做了充足准备，如增加热销选品的库存，引入新的互补单品，核算复杂组合的成本利润等。

这些措施显著提升了该公司的销售业绩，同时增强了消费者的购物体验，使消费者更容易找到所需商品并通过有效的关联激发他们探索新产品、新组合的兴趣。通过大数据挖掘并利用商品间的互补性、关联性形成多样化商品组合甚至矩阵，可以满足更复杂的场景需求，进而提升总需求。这种做法对企业的回报是直接的，可以极大地提高销售额和运营效率。

4.2.4　数蛙：为选品提供智能支持

数蛙作为一个基于 AI 的商机智选平台，通过其"AI 商机雷达"和"AI 选品大师"功能（如图 4-4 所示）为亚马逊平台的电商企业提供选品策略支持和优化建议。

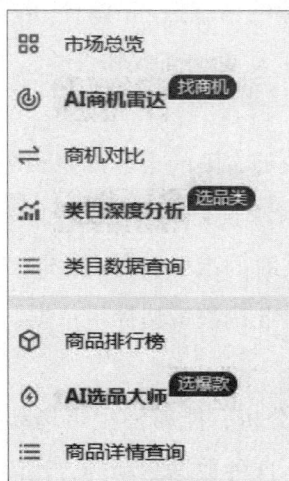

图4-4　数蛙平台的AI功能

数蛙平台利用大数据分析和 AI 算法，敏锐捕捉高潜力商业机会，助力企业在复杂多变的市场中明确选品方向。例如，AI 商机雷达功能能够分析商品的历史热度、稀缺性和销售增速，帮助企业精准挖掘优质商机。

基于对市场趋势和消费者偏好的深入分析，数蛙平台能够锁定潜在热门商品，确保选品的精准性，使企业在激烈竞争中保持优势。借助 AI 选品大师功能，企业可以选择类目、商品，并进行方案分析，实现精准选品。

此外，数蛙平台提供全面的多维度市场数据分析，帮助企业从时间、消费者行为等多个角度综合考量市场变化，使企业能够更准确地把握市场动态，作出科学的选品决策。

4.3 AI打造新型选品

在电商选品领域，AI 技术正带来一场全新的变革，特别是在生成式 AI 的支持下，选品方案个性化、定制化生成成为可能。这不仅提升了选品效率，还推动了消费者自主定制化商品的 C2M 模式的发展，为电商企业开辟了新的增长路径。

4.3.1 选品决策：AI改变人为主观判定决策模式

在电商领域，选品决策的精准性和时效性是很多企业面临的重大挑战。AI 的引入使电商选品过程变得更加高效和科学，主要体现在以下 3 个方面。

1. 信息获取全面化

传统的选品决策往往依赖有限的市场调研和历史销售数据，难以获取全面、实时的信息。AI 能够自动收集来自社交媒体、搜索引擎及竞品网站的数据，为企业提供更广泛和实时的市场洞察。此外，AI 还可以监测竞争对手的选品策略和价格变动，为企业调整策略提供依据。

2. 决策客观化

AI 通过对海量数据的分析，能够捕捉市场动态和趋势，从而为企业提供客观、准确的决策依据。这种数据驱动的方法降低了个人经验和偏见对决策结果的影响，使选品决策更加科学。

3. 反应速度提升

面对快速变化的市场需求，依赖人工的传统选品决策模式过程烦琐、周期长，企业难以迅速调整策略，常常错失商机。AI 的应用提升了企业实时监控市场动态和消费者行为变化的能力，为企业提供及时预警和策略调整建议。

此外，基于 AI 的内容生成和预测能力，越来越多的决策甚至可以被自动执行，形成完全不需要人工参与的全闭环流程。同时，这些方案还能根据实时数据不断优化，以确保始终符合市场需求。这种灵活性使电商企业能够快速响应消费者偏好变化，实现真正意义上的个性化服务。

4.3.2　C2M模式：消费者驱动的新型选品

随着 C2M 模式的发展，消费者与生产制造商之间建立了更直接、更紧密的联系。通过这一模式，消费者能够直接表达自己的需求，从而影响产品设计与生产。其中的关键是利用 AI 技术来分析消费者反馈和行为数据，以便更好地满足他们的个性化需求。

（1）需求驱动生产。C2M 模式使制造商能够根据消费者反馈进行产品定制。AI 通过分析大量数据，可以识别出消费者对特定功能或设计的偏好，从而指导制造商开发符合其需求的新产品。这种方式不仅提高了产品的市场竞争力，还降低了研发风险。

（2）缩短响应时间。AI 技术使生产过程更加灵活，可以快速响应市场变化。在 C2M 模式下，当消费者提出新的需求时，制造商可以迅速调整生产计划，以满足这些需求，从而降低库存压力并提高用户满意度。

（3）个性化购物体验。C2M 模式结合 AI 技术，使每位消费者都能享受到个性化购物体验。通过分析用户行为数据和偏好，电商平台可以为每位用户推荐最合适的产品，从而提升其购物体验和忠诚度。

C2M 模式使消费者从被动的产品接受者转变为主动的产品创新驱动者，不仅为消费者带来了更优质、更个性化的产品，还为企业开辟了一条新的发展道路。

4.3.3　C2M模式的先锋：从Dell、小米到SHEIN的模式探索

Dell 的定制电脑、小米的生态链及 SHEIN 的快时尚定制，都是对 C2M 模式的探索。

1. Dell 的定制电脑

Dell 是尝试 C2M 模式的先锋之一，其直接销售模式彻底改变了个人电脑销售和定制方式。通过直接与消费者沟通，Dell 能够了解市场需求并提供高度定制化的产品。

（1）直接与消费者互动。Dell 通过电话和网络平台与消费者直接沟通，收集他们对产品的需求和反馈。这种直接联系使 Dell 能够快速响应市场变化，及时调整产品配置。

（2）定制化生产。消费者可以根据个人需求选择电脑的配置，包括处理器、内存和存储等。这种灵活性使每位客户都能获得符合自己需求的产品。

（3）数据驱动决策。Dell 利用收集到的用户数据进行市场分析，从而优化产品线和生产流程。通过分析用户偏好，Dell 能够预测哪些配置会受到欢迎，从而降低库存风险。

Dell 的 C2M 模式使其在竞争激烈的市场中脱颖而出，成为全球领先的 PC 制造商。因为省去了中间环节，Dell 不仅降低了成本，还提升了客户满意度。

2. 小米的生态链

小米公司以其生态链战略著称，通过 C2M 模式实现了多款智能硬件产品的个性化定制。小米利用社交媒体收集用户反馈数据，以推动产品创新和选品策略。

（1）用户需求分析。小米充分利用大数据和 AI 技术分析用户在社区中的评论和建议，识别出潜在市场需求。例如，用户对智能家居设备的讨论帮助小米了解了哪些功能最受欢迎。

（2）快速迭代产品设计。基于用户反馈，小米能够迅速调整产品设计。例如，在推出新款智能音箱时，小米根据用户对音质和功能的反馈进行

改进。

（3）个性化营销策略。小米针对不同用户群体制定个性化营销策略，通过社交媒体和线上活动与消费者互动，提高其品牌忠诚度。

小米通过 C2M 模式成功推出了一系列符合消费者需求的新产品，迅速占领市场，成为深受年轻消费者喜爱的品牌。

3. SHEIN 的快时尚定制

SHEIN 成功的关键在于能够快速响应消费者需求，并通过 C2M 模式实现个性化产品定制。

（1）消费者行为分析。SHEIN 通过分析社交媒体上的用户评论、点赞和分享数据识别当前流行趋势，从而得以迅速调整其产品线，更好地满足市场需求。

（2）个性化定制体验。SHEIN 允许消费者根据个人喜好定制商品，如选择颜色、图案、款式等。这种个性化体验提升了消费者对品牌的忠诚度，同时提高了购买转化率。

（3）快速迭代与反馈机制。SHEIN 建立了快速反馈机制，通过实时监控销售数据和用户反馈，不断优化产品设计。当某个款式受到热烈欢迎时，SHEIN 能够迅速增加生产量，并推出更多相关款式。

通过 C2M 模式，SHEIN 成功实现个性化定制，提高客户满意度，在竞争激烈的快时尚市场中占据了一席之地。

以上 3 个案例体现了 C2M 模式如何巧妙融合 AI 技术和电商平台的数据沉淀与虚拟互动特性，把消费者融入企业选品流程之中。Dell、小米和 SHEIN 都利用数据分析来识别消费者需求，从而实现快速响应市场变化。这种以消费者为中心的做法，不仅提升了企业竞争力，还为电商行业发展提供了新的思路。

AI

第 5 章

AI 产品设计：让设计更高效与生动

当下，AI融入产品设计环节已成为一个显著趋势。在AI赋能下，设计创意能够轻松变成现实。同时，AI在设计环节的应用也优化了产品设计流程，使设计更加高效。目前，一些企业已经在AI产品设计方面进行探索并取得显著成效，为更多企业布局指明了方向。

5.1 AI更懂"卖得好"的设计

在产品设计方面，AI能够识别出什么样的设计才是能够"卖得好"的设计。凭借强大的数据分析能力，AI能够精准识别消费者偏好和市场趋势，助力企业设计出更符合市场需求的产品。

5.1.1 什么是"卖得好"的设计

"卖得好"的设计通常指的是那些能够满足市场需求、吸引目标用户，并在商业上取得成功的设计。"卖得好"的设计往往具备以下特点：

（1）市场适应性：设计能够紧跟市场趋势，满足消费者当前及潜在的需求。

（2）用户友好性：设计易于使用，用户体验出色，能够解决用户痛点或提升用户生活品质。

（3）差异性：设计具有独特性和辨识度，能够在同类设计中脱颖而出。

（4）成本效益：设计在保证质量的同时，也考虑到成本控制，确保产品具有竞争力。

AI在产品设计方面具有显著优势。借助AI，电商企业可以轻松实现具备市场适应性、用户友好性、差异性且兼具成本效益的设计。

首先，AI能够对相关产品的历史销售数据、社交媒体反馈等信息进行收集和分析，并据此预测市场走向和消费者偏好。例如，AI可以分析用户在社交媒体上反馈，预测哪些设计元素或风格将会受到欢迎，从而指导产品的设计方向。

其次，在提升产品用户友好性方面，借助自然语言处理、情感分析等技术，AI能够深入理解用户意图和情感需求，从而有助于电商企业设计出更加符合用户期望的产品界面和功能。例如，通过在产品中融入 AI 功能，电商企业可以优化产品交互设计，设计出更加直观的用户界面，降低用户的操作难度。同时，AI 还可以模拟用户的使用场景，分析用户在使用产品过程中的痛点，从而优化产品设计，提高产品的易用性。

再次，在设计差异性方面，AI 能够分析不同类型的产品设计，从中提取出独特的设计元素和风格，并据此生成新的设计方案，使产品在同类中脱颖而出。同时，AI 还能够基于对品牌定位、品牌调性和目标市场需求等信息的分析，生成有针对性的差异化设计。这使产品具有独特卖点，能够吸引更多消费者关注。

最后，AI 能够为电商企业提供设计方案生成、AI 建模、AI 测试等多方面的辅助，在提高设计效率的同时降低设计成本。电商企业可以借助 AI 制订成本控制方案，实现精准的成本控制。

已经有一些企业在打造"卖得好"的设计方面作出了探索。日本 Plug 公司推出了一项帮助品牌评估产品包装设计方案的服务——包装设计 AI。该服务可以在分析市场数据的基础上，通过智能算法生成和优化包装设计，以满足市场需求，提升销售业绩。

包装设计 AI 服务怎样生成"卖得好"的设计？

Plug 公司收集了大量的消费者包装好感度数据，这些数据会定期更新，以反映当下的潮流趋势。包装设计 AI 的核心功能是评估与生成。AI 可以分析不同设计元素的市场好感度，并据此进行设计方案生成和优化。

除了整体的好感度评估外，包装设计 AI 还可以分析包装能给人留下怎样的印象，如看上去很好吃、看起来很健康等。设计人员可以根据这些印象调整和优化设计，以更好地满足目标消费者的需求。

此外，传统的包装设计周期往往比较长，需要长时间的前期设计和后期调整。使用包装设计 AI 后，这一流程可以大大缩短。

在包装设计 AI 服务上线后，卡乐比、雀巢等头部食品企业都使用了这项服务，实现了销售增长。根据《日本服务大奖——获奖事例集》所述，使用包装设计 AI 后，卡乐比某款薯片和雀巢某款咖啡的销售额分别增长了 1.3 倍和 2.3 倍。

"卖得好"的设计往往兼具创新性与潮流性，符合目标消费者的功能需求与审美需求，进而引爆产品销量。

5.1.2　通过AI工具生成设计方案

借助 AI 工具生成设计方案是当前产品设计的一大趋势。基于自然语言处理技术和深度学习算法，AI 能够理解各种需求，并生成符合需求的设计方案。

以服装设计为例，AI 能够帮助设计人员打破思维界限，生成更好的创意。Midjourney、DALL·E 2 等 AI 绘图工具越来越成熟，能够根据用户输入的描述生成图片，或者根据用户输入的设计草图生成复杂的设计图纸，同时支持用户在已有图像上进行修改。

例如，根据用户输入的服装款式、风格、颜色、材质等文本表述，Midjourney 能够生成相应的服装设计图，将关键词描述可视化。这能够拓展设计人员的思维边界，帮助他们从更多角度探索设计创新。

AI 能够降低服装设计门槛。基于多样的 AI 工具，用户能够轻松地将自己的服装设计创意表达出来。以一站式服装服务平台 CALA 为例，其接入 DALL·E 2 模型后，能够帮助用户将创意转化为设计草图、原型和产品，并提供生产、定价等多种服务。

在具体操作上，用户选择自己喜欢的服装类型，输入修改样式的提示词，平台就会生成相应的服装设计图，并输出多种结果供用户选择。用户可以选择合适的结果进行 AI 再生成，也可以自行在生成的设计上作修改。这种便捷的方式大幅降低了设计门槛，同时提升了服装设计效率。

通过持续的机器学习，AI 能够学习更多的时尚设计元素，更好地了解时尚趋势，生成更符合市场潮流的产品设计方案，从而为设计人员提供参考。

5.1.3　AI时代的智能交互设计

在AI时代，智能交互设计成为产品设计的重要内容。这要求设计人员将

AI 与产品的具体应用场景结合起来，通过深入理解场景需求、用户行为和业务流程，设计出高效、人性化的智能解决方案。

智能交互设计呈现以下特点，如图 5-1 所示。

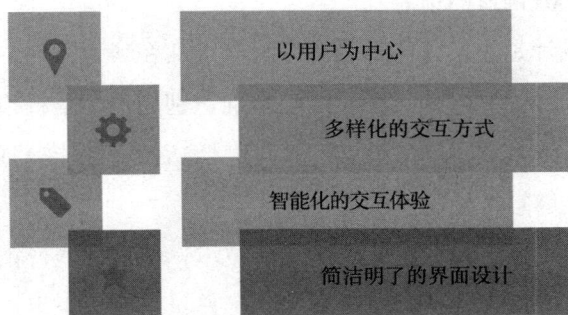

以用户为中心

多样化的交互方式

智能化的交互体验

简洁明了的界面设计

图5-1 智能交互设计的特点

1. 以用户为中心

用户是产品设计的核心。设计人员需要深入了解用户的需求和痛点，以用户为中心进行产品设计。例如，在智能音箱设计中，设计人员需要考虑用户的语音输入习惯、查询需求及使用场景等因素，设计出符合用户需求的交互方式。

2. 多样化的交互方式

AI 时代的产品交互方式不再局限于键盘、鼠标、触摸屏等，用户可以通过语音、图像、手势等多种方式与产品交互。设计人员需要根据产品特点和使用场景设计合适的交互方式。例如，在自动驾驶场景中，驾驶员可以通过语音指令控制汽车的行驶路线，而无须操作方向盘、触摸屏等。

在多种交互方式结合使用的场景中，设计人员需要设计好不同交互方式之间的切换和配合机制，使用户能够流畅操作多种交互方式，实现最佳的交互效果。

3. 智能化的交互体验

基于 AI 技术，产品能够提供智能化的交互体验。例如，通过引入智能语音助手，产品能够实现与用户的自然对话，并根据历史互动预测用户行为，为其提供操作指引。这种智能化体验显著提升了用户满意度。

4. 简洁明了的界面设计

借助 AI，设计人员可以对操作流程进行精简，让用户能够轻松上手并快速找到所需功能。例如，当前的很多智能音箱菜单简单，用户能够以语音指令唤醒音箱并查询所需信息。

智能交互设计是小米智能音箱的一大亮点。在唤醒方面，小米智能音箱采用高灵敏度的麦克风阵列技术，能够精准识别用户的语音指令。同时，小米智能音箱还融入宽场景高灵敏唤醒技术、低功耗高性能唤醒技术等，确保在不同场景下能够被准确唤醒。

在语音交互方面，借助远场语音交互技术，小米智能音箱能够在较远距离准确接收声音，实现便捷的语音交互。用户只需简单说出指令，智能音箱便能立即响应并执行相关操作。例如，听到用户给出的"小爱同学，播放音乐"的语音指令后，小米智能音箱便会自动播放音乐。

同时，小米智能音箱支持多轮对话，能够理解用户意图，实现自然的人机互动。根据用户指令，小米智能音箱能够自动执行播放音乐、设定闹钟、控制智能家居设备等操作，给用户带来全方位的智能交互体验。

此外，小米智能音箱支持个性化设置。用户可以根据自己的喜好设置智能音箱的唤醒词、音量大小、灯光效果等。这进一步提升了用户的交互体验。

随着 AI 技术的迭代和应用场景的拓展，智能交互设计在智能家居、智能驾驶、工业生产等更多场景落地，为用户带来多样化的智能产品，更新用户体验。

5.2 被AI重塑的设计流程

产品设计分为灵感阶段、设计阶段、验证阶段、优化阶段和演示阶段。AI可以贯穿产品设计全流程，为各个阶段提供支持，大幅提升产品设计效率和质量。

5.2.1 灵感收集：AI是新时代灵感来源

在产品设计的灵感阶段，设计人员可以借助AI收集灵感。借助基于大模型的对话式 AI 应用，如文心一言、通义千问等，设计人员可以通过与其交互收集设计灵感，如图 5-2 所示。

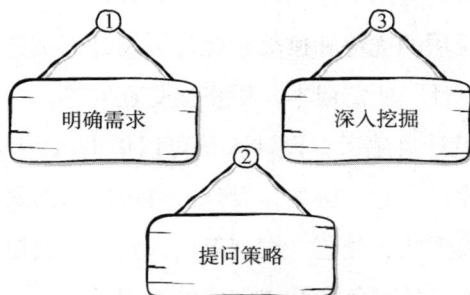

图5-2 从AI那里收集灵感的要点

1. 明确需求

首先，设计人员需要向 AI 准确阐述产品类型，如是一款手机应用、家居用品还是工业设备等，并讲明产品的功能定位、目标群体特征等。例如，产品是一款手机应用，需要讲明产品的功能定位，是社交类、娱乐类还是工具类，以及目标用户群体的特征，是面向青少年、中年人还是老年人等。

其次，设计人员需要列出限制条件，包括预算限制、技术限制等。AI 能够据此给出符合预算和技术要求的设计灵感。例如，设计人员需要在有限的预算下设计一款有创意的促销礼品，通过与 AI 交互后，AI 会给出个性化定制小物件、创意办公用品、DIY 手工礼品、数字礼品等多个选项。

2. 提问策略

设计人员可以提问一般性问题和特定性问题。其中，一般性问题较为宽泛，如"有哪些创新的产品设计理念适用于环保型家居用品""当前智能手机的设计趋势是什么"。通过提问这些问题，设计人员可以获得一些创新的设计理念、流行趋势等。

特定性问题一般针对产品的特定功能或特定体验。例如，针对一款具有语音交互功能的产品，设计人员可以提问"语音交互功能在产品设计中有哪些独特的设计要点""如何在产品设计中优化用户的语音交互体验"。通过提问这些问题，设计人员可以获得更聚焦的设计灵感。

3. 深入挖掘

对于 AI 给出的设计灵感，设计人员还可以进一步追问细节。例如，AI 提到可以将一种新材料应用于产品设计，那么设计人员可以追问这种新材料在具体产品设计中应用的优势和挑战。此外，设计人员还可以追问设计灵感在操作中的技术可行性、所需成本、用户接受程度等。

在有了可行的设计灵感后，设计人员可以借助 AI 生成新的设计概念和原型，进一步挖掘设计灵感。例如，设计人员可以借助深度学习模型或一些设计生成工具，输入形状、颜色、纹理等设计要素，获得新的设计概念，包括新的形状组合、独特的颜色搭配或创新的纹理设计等。设计人员可以从中汲取灵感，进一步完善自己的想法。

5.2.2 产品设计：AI赋能产品建模与渲染

在设计阶段，AI 建模与 AI 渲染的应用能够显著提升设计效率和质量。

1. AI 建模

传统建模需要设计人员投入大量时间和精力细化模型元素，如颜色、形状、纹理等。而 AI 建模能够根据设定和需求快速生成模型。例如，在汽车设计中，根据输入的车身长度、高度、轴距等关键参数，AI 能够迅速构建出基础的汽车外形轮廓，如图 5-3 所示。同时，对于一些复杂的形状，如电子产品外壳、具有独特曲线的家具等，AI 能够通过算法模拟自然的流动模式，进而生成形状，如图 5-4 所示。

图5-3 AI生成的汽车外形轮廓

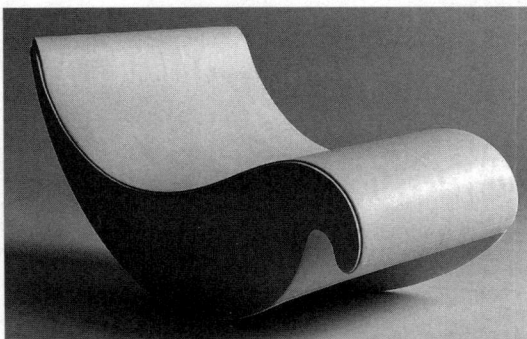

图5-4　AI生成的家具形状

设计人员可以借助 AI 建模快速生成产品模型，或通过 AI 建模生成不同主题和风格的多种设计方案，进而从中选择最佳方案。

2. AI 渲染

AI 渲染能够基于深度学习和神经网络等算法，为三维场景的图像生成注入更多细节，如补充产品的材质、光影效果等，使场景更加真实。

AI 渲染能够准确地模拟出不同材质的纹理，如木材、织物等，并体现色泽和反射特性。例如，对于实木地板产品，AI 渲染后能够呈现出木材的天然纹理、色泽变化，以及光照下的反射效果，让设计人员直观感受产品在场景中的使用效果。

AI 渲染不仅能够高效地生成逼真的图像，还能对生成的图像进行智能优化。它可以根据设计人员的需求，调整图像的光影、颜色、材质等参数，使最终的设计效果更加符合设计要求。这使设计人员能够在不增加工作量的前提下，获得更好的设计效果。

某知名汽车制造企业计划推出一款全新的电动汽车。为了实现高效且富有创新性的设计，该企业决定引入 AI 技术来辅助产品设计。

在 AI 建模阶段，设计团队首先明确了电动汽车的设计需求，包括车身形状、内饰布局、颜色搭配等。基于这些需求，在 AI 建模软件中输入设计参数和概念，就可以得到 AI 建模软件生成的电动汽车三维模型。设计团队通过调整车身长度、宽度、内饰细节等参数实时更新模型，实现了模型的快速迭代。

在 AI 渲染阶段，可以借助 AI 渲染软件为电动汽车模型添加各种材质，如金属、玻璃、塑料等，并模拟真实世界中不同材质的光照反射和折射特性，使渲染效果更加逼真。基于渲染效果，动态调整模型的颜色、材质、光照等参数，设计团队确定了最终设计方案。

利用 AI 建模与 AI 渲染，该汽车制造企业实现了高效、创新的产品设计，提升了设计效率。

5.2.3　方案验证：找到可行性方案

有了初步的产品设计方案后，设计人员还需要对方案进行验证，证明方案的创新性并保证方案切实可行。AI 技术可快速验证创意和方案的可行性。

依托深度学习、大数据分析及先进的算法模型，AI 能够对设计方案进行多维度、全方位的评估。在创新性验证方面，AI 能够分析大量的市场数据、专利文献及前沿技术趋势，从而判断设计方案是否具有创新性和差异化优势。这不仅能够帮助设计人员识别方案的独特之处，还能够为方案的进一步优化提供有价值的参考。

在可行性验证方面，AI 同样表现出色。通过模拟和仿真技术，AI 能够预测产品在不同使用场景下的性能和表现，包括产品的结构强度、使用寿命、能耗效率等。这使设计人员能够在早期阶段就发现并解决潜在的技术难题，避免后期因技术不可行而导致的重大调整或重新设计。

AI 还能够对设计方案进行成本效益分析，帮助设计人员评估方案的经济可行性。通过对比不同材料、工艺和生产流程的成本，AI 能够生成最优设计方案，确保产品在满足性能要求的同时也具备市场竞争力。

此外，AI 可以自动生成测试用例并自动执行测试，从而实现对产品功能和性能的全面验证。这不仅提高了测试效率，还减少了测试中的错误和遗漏，使测试结果更加可靠。

某科技企业针对当前消费者健康意识增强的趋势，提出了一款创新性智能穿戴设备的设计方案。该设备集成先进的生物传感器与 AI 算法，旨在为用户提供精准的健康监测与个性化的健康管理建议。

在验证阶段，该企业设计团队借助 AI 对设计方案进行了多方面的验证。首先，设计团队借助 AI 对市场上现有的智能穿戴设备进行了全面分析，并将相关产品的功能、性能及用户反馈与自身产品进行对比，最终确认该设计方案在健康监测精度、数据分析能力及个性化建议方面均具备显著优势。

接着，设计团队借助 AI 模拟不同的使用场景，包括运动、睡眠、日常活动等，对智能穿戴设备的续航能力、数据传输稳定性及用户交互体验进行了全面测试。测试结果显示，智能穿戴设备各项性能指标均达到预期标准，且在用户体验方面表现出色。

通过 AI 驱动的模拟验证，设计团队明确了设计方案的有效性，决定继续推进这一设计方案并启动产品上市。

5.2.4　细节优化：从外观到配色

AI 在助力产品设计优化方面发挥着重要作用，它可以提供智能化、高效化的解决方案，帮助设计人员突破传统设计思维的限制，实现创新。

1. 外观优化

AI 能够通过对大量设计方案的仿真分析，找出最优的形状设计，助力设计师突破传统设计思维限制，探索出更加创新实用的形状设计。例如，在汽车车身设计中，AI 可以分析不同形状的车身对空气动力学性能、燃油效率等方面的影响，从而推荐最优的车身形状设计。

2. 配色优化

在配色方面，AI 能够根据产品的主题、风格和目标受众自动推荐合适的配色方案。同时，AI 还能够根据色彩心理学原理选择能够激发特定情感或表现的色彩组合，从而增强产品吸引力和市场竞争力。例如，在消费品设计中，AI 可以根据产品定位和受众喜好，推荐最符合市场需求的配色方案。

3. 材质与表面处理优化

除了外观和配色，AI 还可以优化产品的材质与表面处理。具体而言，AI 可以分析不同材质的物理特性和触感，推荐最适合产品的材质。AI 还可以辅助设计人员进行表面处理优化，对纹理、光泽度、涂层等作出调整，使产品更加耐用且触感舒适。

4. 用户体验优化

通过深度学习用户的行为模式和偏好，AI可以优化产品的用户界面和用户体验。例如，通过分析用户的使用习惯，AI可以优化智能手机的屏幕布局、按键位置等交互元素，使操作更加便捷。

智能手表产品的设计细节往往决定其成败。某知名智能手表品牌为了提升产品的市场竞争力，决定在设计优化阶段引入AI技术，对产品外观、配色及用户体验等细节进行深度优化。

外观方面，AI对用户手腕生理结构、佩戴习惯进行了深入分析，生成更加贴合人体工学的智能手表形状。这不仅提升了佩戴舒适度，还使其看起来更加时尚，更符合现代审美。

配色方面，AI根据品牌调性和用户喜好提供了多种配色方案。这些方案不仅符合当前的市场趋势，还能够满足不同用户的个性化需求。通过AI智能配色，手表在视觉上更加吸引人，提升了用户的购买欲望。

用户体验方面，AI通过对用户行为模式和偏好的深度学习，对智能手表的用户界面进行优化，基于用户使用习惯调整了屏幕布局、按键位置等交互元素，使操作更加便捷和直观。

在AI的辅助下，设计团队在短时间内完成了智能手表的细节优化，实现了功能和美观的平衡，提升了产品的市场竞争力。最终，这款经过AI优化的智能手表在市场上取得了巨大的成功，赢得了用户的广泛赞誉。

5.2.5　沉浸式演示：直观感受产品魅力

在产品演示阶段，AI能够创造出沉浸式的演示场景，通过富有感染力的视频全方位展示产品特点。这不仅能够展现产品的外观和材质，还能深入呈现各种设计细节，让用户直观感受产品的亮点。

传统产品演示往往局限于静态图片和文字描述，难以给用户带来立体感和真实感。随着AI、VR、AR技术的快速发展，虚拟场景与现实世界可以无缝融合，企业可以通过3D模型、视频、音频等多种形式给用户带来身临其境的产品体验。

　　例如，企业可以通过 AI、AR、VR 等技术将产品与 3D 可视化相结合，让用户全方位、沉浸式感受产品的整体设计和细节。用户可以在智能设备上自由操作产品模型，实现旋转、放大、缩小等交互，从不同角度和距离观察产品。更进一步，用户甚至可以全景观察产品的内部结构、材质特性和制造工艺，这是传统演示无法实现的。

　　此外，AI 技术还能突破纸质演示手册的局限性。传统纸质演示手册受篇幅限制，通常只能提供产品的关键信息，难以直观展示企业的生产环境、设备等，更无法全面传达企业的发展历程和技术优势。借助 AI 技术，企业可以通过 VR 全景实拍的方式，将生产车间呈现在用户眼前，让用户仿佛亲临现场，深入了解产品背后的企业实力，如图 5-5 所示。这可以极大地提升企业的可信度和产品的真实感，有助于赢得用户的认可和信任。

图5-5　生产车间3D可视化演示

　　完成可视化演示后，企业还可以将相关视频发布在网络平台、社交媒体等渠道，方便用户保存和二次分享。这种创新的产品演示与推广方式能够让用户更深入地感受产品的亮点，从而激发其购买欲望。

　　值得一提的是，AI 还具有强大的分析与总结能力，能够对演示流程进行回顾和优化。基于 AI 的分析和总结，企业可以重新梳理演示的各环节，挖掘亮点并加以强化。AI 还可以从专业角度分析演示表现，找出不足并提供改进建议。同时，AI 能根据用户需求和企业实际情况为企业量身定制演示改进计划。这使企业能够在后续演示中有的放矢，不断提升演示效果。

5.3 盘点：那些经典的AI设计案例

当前，不少企业正积极推进 AI 产品设计实践，在产品功能和样式设计等方面应用 AI 技术，取得了显著的市场反响。这些实战案例展示了 AI 在产品设计领域的成功应用，推动了产品设计的创新和发展。

5.3.1 天猫精灵：智能音箱接入大模型

天猫精灵作为阿里巴巴旗下的 AI 智能终端品牌，凭借阿里巴巴提供的大模型技术支持，实现了智能音箱产品功能设计的飞跃。其推出的 IN 糖 3 Pro 智能音箱接入了阿里巴巴旗下的通义千问大模型，智能属性显著提升，为用户带来了更优质的使用体验。

在过去，智能音箱可能会因误解用户意图或遗漏关键词而导致交互体验欠佳。IN 糖 3 Pro 接入大模型后，这一状况得到了有效改善。得益于大模型强大的自然语言理解与生成能力，IN 糖 3 Pro 能够轻松应对连续对话场景，依据对话上下文准确捕捉用户意图，使交流更加流畅自然。

在日常应用中，IN 糖 3 Pro 的表现很出色。当用户询问晚餐推荐时，IN 糖 3 Pro 不仅会推荐菜品，还会讲解食物的功能、富含的营养成分等，并给出菜品的搭配方案。在影视内容推荐方面，IN 糖 3 Pro 无须接收特定指令，能够根据用户的自然语言提问推荐相关内容。当用户希望 IN 糖 3 Pro 讲个笑话时，IN 糖 3 Pro 不是局限于播放预设的笑话音频，而是能够将笑话巧妙地融入对话中，为用户带来更加自然、愉悦的情感体验。

IN 糖 3 Pro 具有一些拟人化特征，如有名字、爱好等，角色设定更加鲜明。相较于前代产品，IN 糖 3 Pro 在知识广度、记忆能力等方面均实现了显著提升，其对话表现也十分拟人化，能够给用户带来更多真实感。

IN 糖 3 Pro 还具备情感理解能力，能够敏锐地捕捉到用户的情绪变化，并给予相应的回应。例如，当用户表示自己心情低落时，IN 糖 3 Pro 会安慰用户，给出一些暖心的建议。当用户分享自己的喜悦时，IN 糖 3 Pro 也会积极回应，如播放欢快的音乐。IN 糖 3 Pro 就像一位善解人意的朋友，给予用户贴心的关怀与支持。

在通义千问大模型支持下，IN 糖 3 Pro 不仅拥有更加丰富的智能功能与多样化的玩法，还在情感交互层面实现了突破，因而受到用户的喜爱。

智能音箱的主要人机交互方式是语音，AI 技术的应用能够为人机交互"注入灵魂"，提升互动过程中的用户体验。

5.3.2　达利丝绸：传统设计与AI的碰撞

达利丝绸是浙江丝绸产业的佼佼者，长期致力于传统丝绸设计与科技的结合。近年来，达利丝绸在利用 AI 技术进行产品设计方面取得显著成果。

DPI SPACE 是一个基于 AI 的图案创意生成平台，达利丝绸与其合作，共同探索 AI 技术在产品设计过程中的应用。该平台具备以下功能，能够为产品设计提供全方位服务。

（1）预测时尚行业流行趋势。

（2）为设计人员提供灵感来源和设计方向。

（3）生成独特且富有创意的图案。

（4）优化设计人员上传的设计草图，使之更符合市场需求。

达利丝绸与 DPI SPACE 借助 AI 对传统非遗艺术纹样进行学习，并将其应用于现代丝绸产品设计中。例如，利用 AI 技术对苗族刺绣纹样进行深度学习和创新设计，最终生成新的设计纹样。

双方合作推出的"一片森林"图案系列领带是 AI 产品设计的成功案例之一。该系列领带基于纺织面料流行趋势进行主题设计和配色，从丛林、古典等趋势关键词中提取灵感，最终生成独特的图案系列。AI 还为该系列作品创作了相应的诗歌，实现了流行趋势与产品设计的融合。

借助平台中的 AI 换色、智能排版等工具，达利丝绸以"鸟"为灵感展开创作，将设计方案应用在衬衫、丝巾等产品上。

达利丝绸还自研了 AI 图形生成系统，支持消费者直接参与丝绸图样的个性化设计。消费者可以选择喜欢的图案、颜色、款式等，AI 会根据消费者的选择进行智能匹配和优化，为消费者提供独一无二的产品。

通过 AI 产品设计的创新应用，达利丝绸实现了丝绸设计与科技的结合，为消费者带来了个性化、时尚化的丝绸产品，显著提升了品牌竞争力。

5.3.3　尚品宅配：打造云端虚拟设计工厂

尚品宅配在家居行业深耕多年，为客户提供全屋定制的个性化服务，并积极探索 AI 在家居产品设计中的应用。

尚品宅配打造的 AI 设计工厂是一个基于 AI 的云端虚拟设计工厂，其基于海量产品库、户型库和生活方式进行深度学习，打通楼盘、户型、设计、生产、供应链等全链路。

AI 设计工厂能够在短时间内为消费者量身打造满足其个性化需求的家装设计方案。强大的设计产能颠覆了家居行业传统的设计服务模式，赋能终端门店先行销售，后续再进行设计，甚至可以引导客户先进店体验，再测量房屋尺寸。

在 AI 设计工厂中，从客户下单到最终的生产交付，整个过程十分便捷。在与客户沟通的过程中，业务人员只需要在平台上输入客户的基本信息、基础需求及户型图，就能够迅速获得一套高质量的全屋设计方案，同时还能获得精确的报价单及全景 VR 效果展示。在设计方案交付前，设计团队会对设计方案进行审核，确保方案既符合客户需求，又具备高品质。

尚品宅配还开发了一系列基于 AI 的设计软件工具，如 AI 设计助手、"K定制"等。这些工具贯穿设计、营销、管理、生产等各个环节，为设计团队提供了强大的技术支持。例如，AI 设计助手能够基于客户需求和户型图自动生成多个设计方案，并支持设计团队进行实时修改和优化。这些工具的应用不仅提高了设计效率，还提升了方案的准确性和创新性。

这些探索展现了尚品宅配通过 AI 技术巩固其产品设计核心竞争力的决心。这些具体而明确的落地场景为客户带来了更加便捷、高效、个性化的家居生活体验。

AI 正在重塑产品设计的未来，结合敏捷供应链的优势，未来潜力巨大。

AI

第 6 章

AI 创意与生成：打造消费新体验

在电商领域，AI在提出与生成创意方面具有巨大的应用潜力。其不仅能够催化产品的颜值创意、电商平台的详情页创意等，还能助力打造虚拟消费场景。基于此，电商企业能够为消费者提供多样化的创新体验。

6.1 创意风暴之颜值升级

产品颜值是吸引消费者目光的关键因素。在实现产品功能性、实用性设计的同时，电商企业也应关注产品颜值，打造高颜值产品，提高产品竞争力。

6.1.1 产品同质化时代，颜值就是价值

随着消费理念的升级，消费者购买产品时不再仅满足于产品的实际功能，颜值也成为重要考量因素。高颜值的产品能够吸引更多消费者的目光，并促使消费者购买。在零售市场高度竞争、产品同质化的时代，"颜值即价值"的理念日益凸显，成为产品设计与市场推广的新准则。

AI技术的快速发展使产品颜值设计不再局限于设计人员的主观审美，而是更加科学、精准。通过大数据分析和机器学习，AI能够深入挖掘消费者的审美偏好、消费习惯及市场趋势，为产品设计提供有力的数据支持。这种基于数据的颜值外观设计方法能够满足消费者的需求，引领市场潮流，赋予产品更高的附加值。

在产品颜值设计过程中，AI技术可应用在以下方面。

（1）历史数据分析。AI通过对大量图像和视频进行学习，掌握不同风格、材质和颜色的搭配规律，从而生成符合消费者审美的设计方案。

（2）个性化调整。AI根据消费者具体需求对设计方案进行微调，以确保最终产品与消费者期望高度匹配。

高颜值产品不仅能够吸引消费者的眼球，还能激发他们的购买欲望。在竞争激烈的市场环境中，一款高颜值的产品更容易在众多同类产品中脱颖而出，成为消费者的首选。同时，高颜值也是品牌形象的体现，有助于提升品牌的美誉度。因此，对于制造企业而言，注重颜值设计不仅是为了满足消费

者的审美需求，还是提升市场竞争力、实现可持续发展的重要策略。

值得注意的是，产品外观颜值并非孤立存在的，而是与功能、性能及质量等因素相结合，共同构成产品的整体价值。制造企业在提升产品颜值时，也需要关注产品的实用性和耐用性，确保产品在满足消费者审美需求的同时，也能提供卓越的使用体验。

总之，在市场高度竞争且"内卷"泛滥的环境下，秉持"颜值即价值"的理念，通过出色的外观设计传递品牌理念，寻求与消费者的情感联结和感受上的差异化，是品牌破局的关键手段。如果制造企业能够充分利用 AI 技术，深入挖掘消费者的审美偏好和市场趋势，打造符合市场需求的高颜值产品，就有机会高效、低成本地获得市场空间。当然，制造企业也必须注重产品的实用性，将功能性与美观性相结合，产出受欢迎、经得起市场和时间考验的产品。

6.1.2 AI提升Logo设计效率

Logo 设计是 AI 发挥创意的一个强势领域。电商企业可以借助 AI 设计产品 Logo，从中选择合适的方案。AI 在 Logo 设计方面具有诸多优势，如图 6-1 所示。

01 高效创造力
02 个性化定制
03 创意无限
04 持续优化
05 跨平台兼容性

图6-1 AI在Logo设计方面的优势

1. 高效创造力

AI 能够分析并理解企业的设计需求，包括行业特性、品牌理念、产品特点及视觉偏好等。基于这些信息，AI 能在极短时间内生成多个设计方案。这种高效的创造力确保了企业能够从丰富的选择中找到满意的Logo。

2. 个性化定制

AI具备强大的学习和适应能力，能够根据企业独特需求进行个性化定制。无论是色彩搭配、图形元素还是字体选择，目前AI已具备足够的成熟度，能精准把握需求，确保设计出的Logo既具有美感，又能准确传达企业的核心价值。

3. 创意无限

AI不受传统设计思维的束缚，可以融合多种风格、文化和元素，创作出前所未有的作品。通过深度学习和算法优化，AI能够不断探索新的设计可能性，为企业带来耳目一新的创意体验。

4. 持续优化

AI能够根据企业的反馈快速迭代和优化设计方案。企业可以从多个方案中挑选出最佳方案，并对细节提出调整建议。AI会根据这些建议进行智能调整，使Logo更加契合企业的期望。

5. 跨平台兼容性

AI设计的Logo具备良好的跨平台兼容性。无论是将Logo应用于各种产品、网站、社交媒体、印刷品还是其他媒介，AI都能自动调整设计以适配对应的格式要求，确保Logo在各种场景下都保持一致的视觉效果。

从流程上来看，AI如何帮助企业设计产品Logo呢？

首先，企业需向AI明确要求，比如，为手机产品设计Logo，并体现科技感。

明确设计需求后，AI会进行素材收集（图形、字体等）与创意构思，通过深度学习算法生成多个创意设计方案，包括不同图形组合、字体样式和颜色搭配等。

企业可以在多个设计方案中选择最佳方案，并进一步调整图标排版、字体粗细等，以达到最佳的视觉效果。在这个过程中，AI会根据企业的反馈进行智能调整，提供更符合企业需求的优化方案。

经过多次迭代优化后，企业将获得满意的Logo设计方案。AI会将最终设计以高清图片格式（如 JPG、PNG、SVG 等）输出，供企业下载使用。

6.1.3 AI优化包装外观

AI 在包装设计领域的应用推动了设计创新，为打造高颜值产品提供助力。例如，北京大学信息技术高等研究院发布的"AI 小方"平台融合了 GPT-4、DALL·E 2 等先进模型，实现了包装设计过程的自动化。

用户对包装设计主题、风格等提出要求，AI 小方就能快速生成符合其要求的包装设计方案。除了生成创意设计，AI 小方还能够延伸并实现用户的创意想法。例如，用户可以选择合适的风格并根据自己的喜好调整颜色搭配，AI 会直观地展现设计效果。此外，AI 小方还能根据关键词生成整套设计素材，如卡通风格、简约风格等，为用户提供丰富的创意参考。

以 AI 小方为代表的智能平台体现了 AI 对包装设计的赋能。基于深度学习和大数据分析，AI 能够挖掘出设计元素之间的关联和规律，生成新颖、独特的包装设计方案，包含细节的图案、纹理和色彩搭配，更具创新性和艺术性。同时，AI 能够基于大数据捕捉消费者的审美偏好和市场趋势，生成符合主流审美和时尚潮流的包装设计，使设计不仅美观，还能够准确地传达产品的特点和品牌形象。

除了凭空生成外，AI 也能够智能优化设计人员的包装设计方案，如对色彩进行调整，使色彩搭配更加和谐美观；对图案进行精细处理，使图案更加清晰立体等。

借助 AI 小方或类似应用，企业能够以更低成本、更高效率实现包装设计的创意生成和优化，提升自身市场竞争力。

6.1.4 伊利：AI赋能下的高颜值包装

作为乳制品行业的领军企业，伊利敏锐地捕捉到 AI 技术的潜力，将其应用于产品包装设计中。2023 年 4 月，伊利推出了 6 款由 AI 辅助设计的牛奶产品包装，分别展现科技感、东方美学等不同的风格。这些包装不仅具有独特的视觉效果，还融入了丰富的文化内涵和创新设计理念。

（1）科技感：采用"蓝＋白"的配色，同时融入折痕形式的浮雕、脉络线条等元素，呈现出金属质感和机械感。

（2）自然生机：采用白、金配色和华丽的立体浮雕设计，在白色的牛奶盒上延伸出白色的花瓣和金色的藤蔓，展现出自然生机。

（3）东方美学：以剪纸元素勾勒出山水画意境，在蓝、白色调上搭配金线点缀，在体现传统东方美感的同时进行了设计创新。

（4）未来感：配色以白色为主，以微雕形式展现充满未来感的画面，机械感十足。

（5）极简：纯白的版面设计，加入曲线折痕元素，使整体设计简单而不单调。

（6）童真：采用异形包装，将牛奶盒设计成一头奶牛的形象，给人一种梦幻纯真的感觉。

这一系列设计作品以其独特的视觉效果和创意性，吸引了众多消费者的关注和讨论，为品牌注入了新的活力。尽管这些设计在工艺实现上可能存在一定的挑战，但为乳品包装设计带来了新的灵感。

在2023年杭州亚运会期间，伊利作为"杭州亚运会官方乳制品独家供应商"进行了一系列AI产品设计方面的创新尝试。

针对杭州亚运会，伊利推出AI辅助设计的亚运会定制款纯牛奶包装。该包装不仅展现了杭州江南水乡的独特风景，还融入了运动元素。在包装正面，伊利采用AI生成的江南水墨画，巧妙地结合了白堤、湖畔轻舟等元素，生动描绘了杭州的自然美景。在包装背面，则展示了伊利签约的运动员们英姿飒爽的形象。这一设计将运动员的风采与江南美景完美融合，展现出极具创意的视觉效果。

除了打造亚运定制纯牛奶包装外，伊利还进一步创新，号召消费者借助AI定制属于自己的包装。为此，伊利上线了H5沉浸式交互小游戏，支持用户通过"扫码读诗"的方式参与AI定制包装的设计。AI会根据用户朗诵的诗歌内容生成与之相匹配的个性化包装设计。基于此，伊利还发起"点赞排名"活动，前10名点赞者将获得特别礼物，第2023名可获得包装上大屏的机会。

这些活动有效激发了消费者与企业互动的热情，借助这些活动，伊利实现了流量积累和销量增长。

6.2　创意风暴之电商平台详情页设计

电商平台的商品详情页是影响转化率的关键触点。AI能够在多个方面助力电商平台详情页创意生成，包括Slogan、商品介绍、商品图片等。借助AI，电商企业能够优化商品详情页设计，实现更具吸引力的商品展示。

6.2.1　AI自动设计Slogan

Slogan是凸显产品定位和差异化卖点的口号或广告语。许多成功的产品都拥有让人印象深刻的Slogan，如"怕上火就喝王老吉""六神有主，一家无忧"等。一个清晰、简洁的Slogan能够吸引用户关注，抢占用户心智。在设计电商详情页时，电商企业也需要为商品设计一个Slogan，以展现商品特性，形成独特的标签。

借助AI生成Slogan是一个不错的选择。AI能够根据企业需求聚焦商品卖点，生成简洁明了的Slogan。而企业需要做的就是想好关键词，引导AI生成自己想要的内容。

电商企业需要深入了解自己的商品，明确其核心卖点、功能特点及目标用户群体的需求，这是选择关键词的基础。Slogan需要围绕商品的核心价值和用户需求来设计。

在选择关键词时，功能关键词、情感关键词、目标用户关键词等都是可以选择的对象。功能关键词描述商品的功能或特性，如快速充电、智能识别等。情感关键词表达用户在使用商品时产生的情感或体验，如轻松愉悦、安心可靠等。目标用户关键词描述商品聚焦的目标用户，如年轻人、家庭用户等。

在与AI交互中，企业可以提供多个关键词，以便AI生成具有吸引力的Slogan。例如，针对智能手表产品，关键词可以是"智能""健康监测""时尚设计"等。

除了从关键词中提取商品特点外，AI 还会对关键词进行情感分析，了解关键词的情感倾向，在此基础上生成更具吸引力的 Slogan。例如，针对以上智能手表产品和关键词，AI 可能给出"智能生活，从手腕开始""智在手腕，健康相伴"等多个 Slogan。这些 Slogan 都包含与智能手表相关的关键词，并且传达出积极的情感。

在 AI 生成 Slogan 之后，企业可以根据需要进行优化，如调整语言风格和用词，使其与商品更加匹配。在 AI 的帮助下，电商企业能够快速生成既符合商品特点又具有吸引力的 Slogan。

6.2.2 AI智能创作商品介绍

在电商详情页设计中，AI 能够理解商品信息，生成流畅、逻辑清晰、卖点突出的商品介绍。商家只需输入与商品相关的关键词，如商品名称、核心特点等，AI 就能据此生成相应的商品介绍。例如，对于一款智能手表，输入"智能手表""健康监测""长续航"等关键词，AI 可以生成相关的商品介绍，如图 6-2 所示。

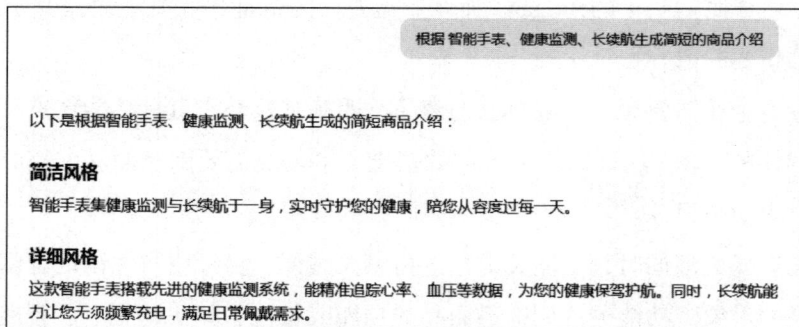

> 根据 智能手表、健康监测、长续航生成简短的商品介绍
>
> 以下是根据智能手表、健康监测、长续航生成的简短商品介绍：
>
> **简洁风格**
> 智能手表集健康监测与长续航于一身，实时守护您的健康，陪您从容度过每一天。
>
> **详细风格**
> 这款智能手表搭载先进的健康监测系统，能精准追踪心率、血压等数据，为您的健康保驾护航。同时，长续航能力让您无须频繁充电，满足日常佩戴需求。

图6-2 AI生成商品介绍

同时，AI 能够自动整合用户提供的各种产品信息，包括品牌、型号、材质、颜色等，生成详细准确的商品介绍。例如，针对一款羽绒服产品，AI 能够整合填充物、面料、版型等信息，给出合适的商品介绍："这款长款羽绒服精选优质白鸭绒，保暖性强。防风防水面料，有效抵御风雪。时尚修身版型，经典百搭，多口袋设计兼具美观与实用，伴您温暖过冬。"

此外，通过分析海量用户数据，AI能够了解用户的偏好并生成更符合其兴趣的商品介绍。例如，当数据显示某地区的用户对环保产品关注度较高时，那么对于一款环保材质的购物袋，除了介绍其实用性和耐用性外，AI生成的商品介绍还会强调其环保特性："这款大容量购物袋结实耐用，采用环保可降解材料，兼具实用性与环保性，无论是购物还是出行，都能彰显您的环保理念。"

在高质量商品介绍的基础上，AI还支持多语言生成，满足跨境电商需求。根据商家要求，AI能够生成英文、日文、韩文等多种语言版本的商品介绍，并且根据不同语言的表达习惯进行适当调整，确保商品介绍的准确性和吸引力。

某家居品牌主打环保、设计感强的家具产品，但市场竞争激烈、商品同质化严重，原有的商品介绍难以突出商品优势，无法有效吸引消费者，销售业绩增长遇到瓶颈。基于此，该品牌借助AI对商品介绍进行了优化。

在这个过程中，该品牌聚焦年轻、注重环保和生活品质的消费群体，结合其商品的环保特性，生成了多款商品描述。对于一款采用环保再生木材制作的沙发，AI生成的商品描述强调了木材的来源及对环境的友好："这款沙发采用环保再生木材打造，将废弃资源重新利用，既保留了木材的天然质感与温暖色泽，又彰显环保理念。坚固耐用的框架，搭配舒适坐垫，为您的家居空间增添一份自然与舒适。"

该品牌对AI生成的商品介绍进行了测试：将不同商品介绍应用于不同的商品详情页，通过收集用户行为数据，如页面停留时间、点击率、转化率等，对比分析各文案的效果。根据数据反馈，该品牌对商品介绍进一步优化调整，得到最终版本。

经过优化的商品介绍上线后，用户在商品详情页的平均停留时间大幅增加，转化率也有所提升。

6.2.3　AI高效生成商品图片

商品图片是商品详情页中的重要内容。除了支持商品图片自动生成外，

AI还能够根据店铺风格创建相关商品图片，打造风格统一、图文兼备的商品详情页。

通过深度学习分析店铺风格，AI能理解其独特定位与品牌形象，无论是简约现代还是复古文艺风格，都能精准把握。在生成商品图片时，AI会考虑店铺的色彩、布局、元素等关键因素，以确保所生成图片符合整体风格。

例如，对于一个以清新自然为主基调的店铺，AI会生成色调柔和、背景自然的商品图片。在色彩方面，AI会选择淡雅的绿色、蓝色等自然色调，营造出宁静、舒适的氛围；在布局上，AI会将商品放置在画面中心，周围搭配一些自然元素，如树叶、花朵等，突出商品的天然属性，如图6-3所示。

图6-3　AI生成的商品图片

AI生成的商品图片具有强烈的视觉冲击力，能够更有效地吸引消费者的注意力。它可以根据店铺风格和商品特点进行个性化设计，增强整个详情页的一致性与协调性，使商品图片与店铺的其他元素，如文字、背景等相互呼应，营造出和谐、统一的美感。此外，AI根据用户需求批量生成商品图片的效率远超人工。

一家专注于年轻时尚群体的潮流单品店铺利用AI来丰富商品图。基于店铺的风格定位，AI生成了一系列色彩搭配大胆鲜明、设计元素独特新颖且具有强烈视觉冲击力的商品图片。这些图片不仅在光影效果上进行了精妙处理，使商品的细节与特色得以完美呈现，还在构图上别出心裁，巧妙运用了各种流行的视觉元素和排版方式，与店铺所追求的时尚、个性、活力四射的整体风格完美融合。

这些商品图片成为商品详情页上的亮点。无论是街头涂鸦背景下的酷炫穿搭，还是赛博朋克风格灯光映衬中的个性配饰，都在讲述不同的时尚故事。同时，商品图片与店铺精心设计的页面布局、色彩搭配及商品描述相得益彰，激发了消费者的购买欲望。最终，该店铺的转化率有效提升，逐渐成长为平台的明星店铺。

6.2.4　WIME：多维度助力详情页生成

2024 年 10 月，营销解决方案提供商微盟推出了面向中小微电商从业者的多模态生成式 AI 产品 WIME，助力商家生成营销内容。

在商品详情页生成方面，WIME 拥有强大的多模态创作能力，将 AI 生图、AI 生文功能融合，从商品抠图、图片生成到商品标题生成、卖点提炼，全面赋能商家进行内容创作，实现了商品详情页一键生成。

在商品图片生成方面，基于图生图、文生图等功能，WIME 能够根据商家提供的商品图片或相关文字描述，生成高质量、多样化的商品图片。例如，商家只需上传一张商品图，WIME 便可自动识别主体并进行抠图处理，然后根据商品特征为其匹配合适的背景图和呈现场景，让商品图片更具吸引力。

在文案生成方面，通过 AI 生文功能，WIME 能够自动生成商品的名称、卖点等内容，并根据不同的渠道特性和受众群体进行优化。商家只需输入商品的核心卖点，AI 就能够自动生成符合商品详情页、小红书、公众号等不同渠道特性的高质量内容，使商品信息更准确地传达给潜在消费者，从而提升转化率。

针对缺乏团队支持的小型商家，WIME 还提供了丰富的行业模板。商家可一键套用，快速生成符合行业规范、高质量的营销内容。同时，WIME 也支持风格定制，协助商家根据自身品牌形象和店铺风格定制更具个性化和辨识度的商品详情页。在 WIME 的辅助下，电商详情页设计变得更简单，店铺运营成本得以降低，中小微商家也可轻松实现"微型企业家"的创业梦想。

6.3 创意风暴之消费场景创新

AI 的创意生成能力不仅体现在内容创作上，还在虚拟消费场景生成方面展现出巨大的潜力。通过结合 VR、3D 等先进技术，AI 能够构建出沉浸式、可互动的购物环境，为消费者提供全新的购物体验。这种创新的购物方式提升了消费者的参与感，推动消费行为发生转变。

6.3.1 奇妙的虚拟货场

在 AI 电商发展过程中，虚拟货场逐渐成为行业探索的前沿阵地。借助 AI、3D 等技术，电商企业能够构建出高度沉浸式的虚拟货场，给消费者带来多感官刺激，使购物过程更加有趣、新奇。虚拟货场可能从哪些方面引爆沉浸式购物呢？

1. 逼真的场景构建

利用 AI 算法和 3D 建模技术，电商企业可以创造出与现实高度相似的购物场景，如逼真的 3D 家装城，还可以创造出带有奇幻色彩的新奇购物场景，如将购物场景融入海边小镇或游乐园中。这能够极大地增强虚拟浏览购物的趣味性。

2. 3D 商品展示与交互

虚拟货场中的 3D 商品展示使消费者能够全面了解商品细节，并进行虚拟试用。例如，在购买电子产品时，消费者可以在虚拟环境中直观查看商品设计及其功能，这有助于他们作出更准确的购买决策。

3. 多样的社交互动

电商企业可以在虚拟货场中融入社交元素，让消费者与他人互动。例如，消费者可以与好友共同虚拟试衣、互相评价试穿效果，或者共同参加购物活动等。这种社交性显著提升了用户购物体验。

2024 年，沃尔玛携手元宇宙电商平台 Emperia 推出了 4 家虚拟商店，打造了独具创意的虚拟货场。这些虚拟商店具有不同的主题，如山间小屋、节日派对等，各具特色。例如，在山间小屋主题商店，消费者可以点击雪橇，查看相关商品详情。进入小屋后，消费者可以与小屋中的沙发、电视机等各种物品互动。

在沉浸式体验方面，虚拟商店支持消费者自由探索场景，查看其中的各种商品并一键加入购物车，让购物更具真实感。同时，各主题商店陈列的商品不仅贴合主题，还展示了当下的流行趋势，迎合了消费者的喜好。虚拟商店还具有社交功能，如愿望清单分享、集"火花"抽奖等，给消费者带来了更好的购物体验。

沃尔玛的虚拟商店无疑是一次革命性的探索，为其他电商企业树立了标杆。未来，随着技术的发展和更多企业的探索，虚拟货场将得到更广泛的应用，沉浸式体验将更加丰富。

6.3.2　产品试用也能虚拟化

AI时代，虚拟试用成为一种新型的潮流购物场景。虚拟试用结合计算机视觉、深度学习、AR等技术，能够精准呈现产品试用效果。这一创新打破了传统试用模式，为消费者提供了更加便捷且个性化的购物体验。

虚拟试用的应用场景主要有以下3个：

（1）美容护肤。消费者可以通过虚拟试用体验不同品牌、不同功效的护肤品、化妆品等，了解产品的使用效果和适用性。例如，消费者虚拟试用不同颜色的口红，直观对比产品是否契合自己的皮肤状态、肤色等。

（2）家居用品。在虚拟空间中，消费者能够自由搭配不同风格的家具和装饰品，直观感受各种产品组合的视觉效果。例如，在装修房屋时，消费者可以便捷地预览不同的家具布局和内饰风格，选择最符合个人喜好的方案。

（3）电子产品。在电子产品领域，虚拟试用可以帮助消费者了解产品功能和性能。例如，消费者可以通过虚拟试用体验手机、电脑等设备的操作界面，更好地理解产品特点。

许多企业已推出虚拟试用功能。以兰蔻为例，其在官网上线了虚拟试妆功能，消费者可以上传自己的照片或使用模特的照片进行虚拟试妆。在试妆过程中，消费者可以体验兰蔻的口红、眼影、粉底等众多产品。

虚拟试妆能够将化妆品的效果精准叠加到图像上，实时显示试用效果，如图 6-4 所示。

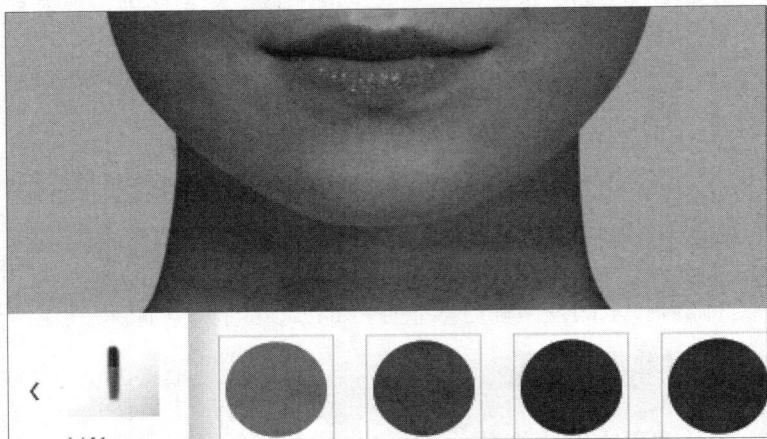

图6-4　口红虚拟试妆效果

除了虚拟试妆外，基于 AI，兰蔻还支持肤质分析和色号查找，即通过对消费者皮肤的深度分析，为其匹配合适的化妆品色号。

谷歌推出了 AI 虚拟试衣功能。该功能基于 TryOnDiffusion 生成式 AI 模型实现，能够高度逼真地展示服装在不同模特身上的效果，如图 6-5 所示。

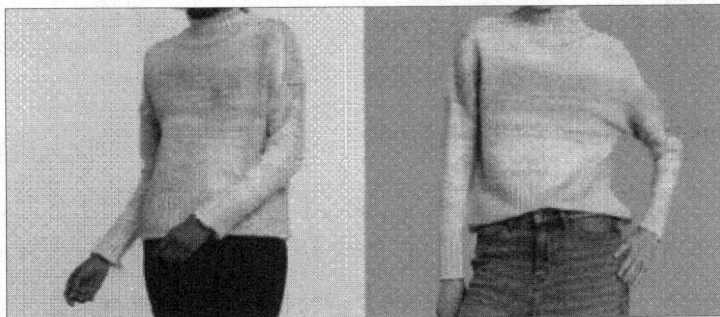

图6-5　AI试衣功能的效果展示

AI 试衣功能在细节展示方面十分出色，能够精确捕捉并展示衣服的垂坠感、折叠状态、紧贴程度及起皱等细节，给消费者带来真实的试穿体验。同时，该功能覆盖从 XXS 到 4XL 的尺码范围，模特姿势各异，能够充分满足消费者的个性化需求。

Anthropologie、Everlane 等品牌已经引入谷歌的这一功能，为消费者提供多样的试衣选择。

6.3.3 天猫：XR端的"双11"空间会场

2024 年"双 11"购物节期间，天猫"双 11"活动在手机端、PC 端及 XR 端同步进行。XR 端的淘宝 Vision Pro 版"双 11"空间会场成为活动新亮点。

戴上 Vision Pro XR 眼镜，消费者能够进入一个虚拟的 3D 购物空间，并在其中虚拟逛街，获得沉浸式购物体验。消费者可以浏览 3D 展示的服装，全方位查看服装的设计细节、面料质感及上身效果；可以浏览各种居家产品，并在虚拟空间中自由摆放，直观感受家居产品在房间中的实际效果；还可以虚拟试驾各种汽车，感受汽车的性能。

小米 SU7 的虚拟试驾活动吸引了众多消费者的目光。在虚拟会场中，消费者如同置身 IMAX 影院，可以沉浸式查看小米 SU7 的外观设计，选配不同的颜色、轮毂等，也可以打开后备厢，直观感受后备厢的空间大小。

消费者还可以"坐"进车里，感受汽车的舒适度，查看方向盘、仪表盘、内饰等细节，也可以启动汽车进行虚拟试驾，如图 6-6 所示。虚拟试驾让消费者可以仿真体验小米 SU7 的驾驶乐趣，沉浸式感受汽车的性能和特点，进而更好地作出购买决策。

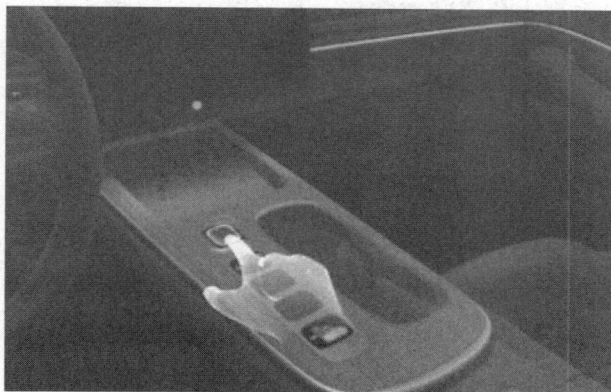

图6-6 在虚拟场景中进行驾驶操作

天猫还设计了 3D 沉浸式红包雨活动，红包以 3D 立体形式从空中飘落，消费者可体验到被红包"砸中"的感觉。

这并非天猫探索 3D 购物的第一次尝试，此前天猫就曾推出 3D 版天猫家装城，打造沉浸式购物场景，为消费者提供"云逛街"的虚拟购物体验。

在 3D 版天猫家装城中，商家可以搭建自己的 3D 购物空间。为了降低门槛，天猫推出了一套 3D 设计工具，帮助商家构建商品的 3D 模型。该设计工具在 AI 算法支持下，能够根据商家上传的商品实物图自动生成 3D 商品模型。商家可以轻松打造 3D 商品模型，并将其发布到 3D 版天猫家装城中。在技术的支持下，3D 版天猫家装城吸引了不少商家入驻，商品涵盖家具、家电、装饰品等诸多品类，能够满足消费者的不同选购需求。

3D 版天猫家装城为消费者提供沉浸式购物体验。在虚拟场景中，消费者可以自由浏览商品、与商品互动，如查看商品信息、旋转商品查看全貌等。消费者可以根据自己的喜好，在虚拟场景中自由搭配商品，并预览搭配效果。这种个性化的搭配方式提升了消费者参与度和转化率。

近年来，天猫在 3D 购物方面进行了诸多探索，引入了 AI、3D、XR 等多种技术，力求为消费者带来具有创新感的，甚至是颠覆式的沉浸式购物体验。

这里延伸提一下元宇宙。在过去几年中，元宇宙受到了极大的关注与炒作，而后又突然消失在公众视野。随着技术的进步和市场需求的变化，元宇宙的实际应用场景正在逐渐清晰化，其中虚拟购物便是一个成功落地的场景。我们需要明白，尽管元宇宙的发展面临诸多挑战，但其潜力依然巨大。

AI

第 7 章

AI 营销：引爆企业新的增长空间

在 AIGC 浪潮下，通义千问、文心一言、豆包等生成式 AI 出现，给电商营销带来新变革。电商企业可以借助 AI 进行营销推广，通过智能分析、精准预测与个性化推荐，提升营销效果和用户体验，打开全新的增长空间。

7.1 AI赋能：变革营销前工作

营销活动成功与否在一定程度上取决于前期准备工作的精细程度。电商领域经过多年发展，消费者购物旅程的关键环节数字化程度高，售前售中售后全生命周期数据相对完善，是具备通过 AI 技术解锁更多潜力的前提。AI 凭借强大的数据分析能力，能够精准预测营销成本和投资回报率（Return on Investment，ROI），巧妙设计并优化价格策略，智能推荐营销渠道和广告位。借助 AI，电商企业得以未雨绸缪，为后续营销奠定坚实基础，开启高效、精准营销的新征程。

7.1.1 数据预测：营销成本+投资回报率

精准预测营销成本和投资回报率是电商企业制定有效营销策略、优化资源配置的关键。传统方法往往依赖历史数据和经验判断，难以应对快速变化的市场环境。电商领域广告曝光数据、消费者线上行为轨迹数据及海量的订单数据和物流快递信息提供了最基础的原料，得以支持应用 AI 技术预测营销成本和投资回报率。

AI 的核心优势在于其强大的数据分析能力。通过机器学习算法，AI 可以从海量的历史销售记录、消费者行为模式及外部经济因素中提取有价值的信息，构建出高度准确的预测模型。模型不仅可以帮助电商企业更精确地估算营销活动所需成本，还能预见潜在的投资回报。

以某知名时尚电商企业为例，在引入基于 AI 的数字营销系统之前，其营销活动策划往往依赖于人工经验和对市场趋势的大致判断。传统的市场调研方式和基础的订单数据分析虽然能够提供一定的信息，但对于营销成本的把控和投资回报率的预估与实际存在较大误差。这导致企业在一些营销活动中投入过多成本却未能获得预期的收益，而在一些潜力较大的项目上投入不足，错失发展机会。

引入基于 AI 的数字营销系统后，情况得到了显著改善。在一次大型换季促销活动前，AI 系统根据过往类似活动的数据，结合当前的市场热度、消费者偏好及竞争对手动态，精确地预测出此次营销活动在各个渠道所需的成本投入。

例如，对于社交媒体广告投放，系统详细地规划了不同平台、不同广告形式的预算分配，确保每一分钱都花在刀刃上。同时，通过模拟不同营销策略下消费者的购买行为路径，准确预估了活动可能带来的销售额和利润，从而得出精准的投资回报率。

活动执行过程中，企业依据 AI 系统的预测结果进行精准布局和资源分配。实际执行结果显示，该次促销活动的实际营销成本与 AI 系统预测值的偏差很小，实际投资回报率也达到了预期水平。

这一案例充分展示了 AI 在精准预测营销成本及投资回报率方面的巨大潜力和实际价值，为电商企业在激烈的市场竞争中实现高效营销提供了可靠的技术支撑，引领电商行业迈向更加精准化、智能化的营销新时代。

量化营销（Quantitative Marketing）是当前学术研究的一个热门，电商场景全交易链路高度数字化的特点也决定了这是 AI 应用的前沿阵地。本书篇幅有限，这里只展示 AI 辅助进行营销投资回报率（Marketing Return on Investment，MROI）分析的一个案例。

7.1.2 精准定价：敏感度分析+智能定价与优惠

基于大数据分析、机器学习、自然语言处理等技术，AI 能够帮助电商企业更快、更准确地理解市场需求、消费者行为及竞争对手动态，从而助力企业进行精准的价格策略设计与优化，最大化利润空间。在价格策略设计与优化方面，AI 发挥着重要作用，如图 7-1 所示。

1. 价格敏感度分析

通过对大量历史销售记录、用户交互信息及外部环境因素（如季节性波动、经济状况等）的学习，AI 可以识别出消费者对不同价格水平的反应及价格与销量之间的关系，并据此确定最优的价格点。

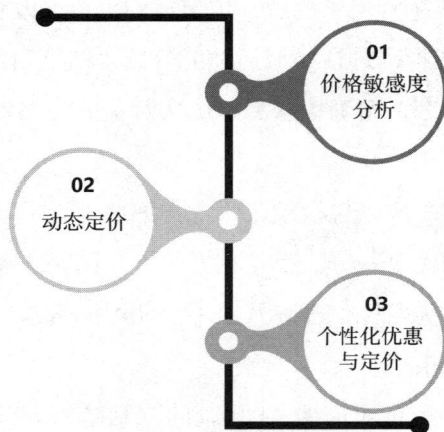

图7-1 AI在电商价格策略设计与优化方面的应用

例如，京东打造动态定价系统，利用历史销售数据和其他相关因素（如季节、促销活动等）来预测不同价格水平下的潜在需求量，从而识别哪些商品更容易受到价格波动影响。如果某类商品的价格弹性较大，可以通过适当降价来刺激销量；反之，则可以在保证一定销量的前提下提高价格以增加毛利。

2. 动态定价

通过深度强化学习不同商品的特征、市场需求、竞争对手价格、用户行为等因素，AI可以动态调整每件商品的价格，以吸引更多用户购买，提高用户转化率和复购率。

京东的动态定价系统能够实时监测市场供需变化、竞争对手商品价格和商品热度，动态调整商品价格。当竞争对手调整某件商品的价格时，京东的动态定价系统会自动随之调整或反向调整该商品价格；当商品库存积压时，系统会自动降低价格以促进销售；当商品成为热门爆款、需求旺盛时，系统会适当提高价格。这种灵活性使京东能够在瞬息万变的市场环境中迅速响应，保持平台价格优势。

3. 个性化优惠与定价

AI还可以根据用户的个人特征和行为习惯，提供个性化的优惠和定价。

基于用户画像和标签体系，京东能够识别出高价值会员及其他特殊客户群体，并为他们提供专属优惠或定制化折扣。这可以增强用户黏性，有效挖掘潜在需求，促进二次消费。同时，京东尝试实施个性化定价策略，根据不同用户的偏好和历史交易记录提供差异化的商品浮动价格，希望实现更高的转化率和更好的用户体验。

AI 在电商价格策略设计与优化中的应用提高了定价的有效性和灵活性，促进了销量增长和用户体验提升。随着 AI 不断进步和应用场景拓展，电商行业将迈向更加智能、高效的发展阶段。

7.1.3   渠道拓展：找渠道+推荐广告位

通过分析海量的用户数据，包括但不限于浏览历史、购买记录、社交媒体互动等，AI 能够构建出详尽而准确的用户画像。画像不仅涵盖基本的人口统计学特征，如年龄、性别、地理位置等，还深入挖掘用户的兴趣爱好、消费习惯乃至心理动机。

基于此，AI 可以为电商企业提供关于潜在用户的全面洞察，帮助它们识别最适合自己的营销渠道。例如，针对年轻一代消费者，社交媒体平台、短视频平台、潮流时尚类 App 可能是更为有效的营销渠道。

在选定营销渠道后，下一步就是确定具体的广告位。这涉及诸多因素，如页面布局、内容相关性、用户体验等。AI 凭借其强大的数据分析能力，可以在短时间内筛选出最有可能引起目标用户注意的广告位，并给出针对性建议。例如，根据用户的行为轨迹，AI 可以预测哪些商品详情页的横幅广告会被频繁查看；依据用户的搜索意图，推荐自然搜索结果旁边的最佳展示位。

以一家专注于健康养生产品的电商企业为例，AI 通过分析发现其主要消费群体为 30～50 岁、具有一定消费能力且关注生活品质的人群。基于此，AI 为其推荐知名健康类网站、生活服务类 App、中高端社交平台等营销渠道，这些平台聚集了大量目标客户群体，能够有效提高营销活动的触达率。

在广告位选择上，AI 为其推荐健康类网站的首页轮播图、生活服务 App 的养生专栏推荐位等。这些位置具有较高的曝光度和用户关注度，能够显著提升广告的传播效果和转化潜力。

在营销活动实施过程中，AI可以持续跟踪各个渠道和广告位的表现数据，如用户来源、停留时长、跳出率、购买转化率等。一旦发现某个渠道或广告位的效果未达预期，AI将迅速调整推荐策略，将资源重新分配到更具潜力的渠道和广告位上，确保营销投入的回报率始终保持在较高水平。

总之，在营销准备阶段，AI已经成为不可或缺的重要工具。从深入理解用户画像到评估渠道效果，再到精准推荐广告位，AI贯穿了整个营销流程，为企业带来了前所未有的精确度和灵活性。

7.2　AI赋能：实现营销物料多元化

在数字营销的新纪元，AI重塑了内容创作边界。借助先进的生成式AI技术，企业能够高效地生产多模态、高质量的营销物料，如文案、图片、视频、广告等。AI还能根据品牌调性和目标受众偏好，自动生成符合特定需求的内容，实现个性化、精准化营销，为品牌与消费者之间建立更加紧密的情感连接提供强有力的支持。

7.2.1　批量创作优质电商文案

优秀的电商文案不仅能够吸引消费者的注意力，还能激发购买欲望，从而提升转化率。然而，传统的文案创作方式耗时费力，且难以保证文案的多样性和吸引力。随着AI的不断发展，诸如抖音即创、豆包等智能工具应运而生，它们能够高效生成和优化电商文案，助力商家批量推出爆款文案。

抖音作为短视频领域的佼佼者，拥有庞大的用户基础和高度活跃的社区氛围。为了帮助商家更好地在抖音平台上进行营销推广，抖音推出了即创这一智能文案生成工具。

即使是没有经验的新手，通过简单的操作，如输入商品ID、选择行业类别、添加产品名称与卖点，也能利用即创快速生成合适的短视频脚本。这为品牌商家节省了大量时间，而且保证了所产出的内容既符合平台规则又具有吸引力，因为即创在生成内容过程中会自动过滤潜在的违禁词或敏感词。

某时尚品牌利用即创生成了一系列关于新款服装的短视频文案。这些文案准确传达了产品的特点和优势，还融入了时尚元素和潮流话题，成功吸引了大量年轻消费者的关注和购买。

豆包作为一款功能全面的 AI 智能助手，同样具备电商营销文案生成与优化的功能。在文案生成方面，商家输入商品信息、文案风格、字数等，系统便会自动生成合适的文案，如图 7-2 所示。此外，豆包支持语音输入，商家可以通过语音指令快速生成文案，非常便捷，显著提升了工作效率。

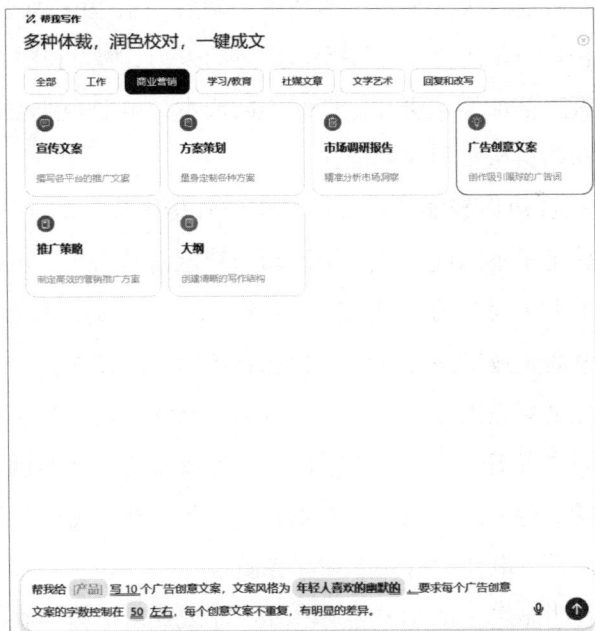

图7-2　豆包创意文案功能

在文案优化方面，豆包利用自然语言处理技术对已有文案进行分析和评估，找出其中可能存在的问题和不足，并提供针对性的优化建议。例如，对于过于冗长或复杂的文案，豆包会建议精简和重构；对于缺乏吸引力的文案，豆包会提供更具创意和吸引力的表达方式。

借助抖音即创和豆包等智能工具，越来越多的电商商家开始尝试批量推出爆款文案。这些文案风格多样、内容丰富，而且紧密贴合目标受众的需求和喜好，对比创意公司产出的文案也不遑多让。

7.2.2 智能设计爆款宣传图片

高质量的宣传图片能够吸引更多消费者，拉动商品销量。在传统电商场景中，企业往往会在摄影、后期制作等环节耗费大量人力物力，图片制作也需要一定的周期，这些都给企业运营带来了压力。而 AI 能够生成高质量的宣传图片，提升效率，降低成本。

一方面，AI 能够迅速处理图像数据，根据输入的商品信息和风格要求快速生成宣传图片。这大大缩短了传统摄影和后期制作的时间，提高了工作效率。同时，相较于传统摄影需要投入大量的人力、物力和财力，AI 自动生成图片可以显著降低前期拍摄和后期制作的成本，电商企业也无须为寻找模特、租赁场地和购买摄影器材而烦恼。

另一方面，AI 可以智能生成多种风格的宣传图片，如简约的、时尚的、复古的等。这满足了不同商品和促销活动的特定营销需求，可以实现群体甚至个体级别"千人千面"的用户交互。此外，AI 生成的图片质量高、细节丰富，能够满足电商企业对图片清晰度和色彩还原度的要求。

例如，绘蛙是阿里巴巴推出的一款 AIGC 电商营销工具，专为淘宝、天猫商家和内容创作者提供智能化的宣传图片生成与营销文案创作服务。它通过一系列先进的 AI 技术，帮助用户快速且低成本地生成高质量的商品宣传图片，极大地提升了电商运营效率和服务质量。

绘蛙的核心功能之一是 AI 商品图生成。商家只需上传一张商品图，绘蛙就能自动匹配最佳场景，并根据商品特性生成专业的模特展示图。例如，服装类商家可以将自己拍摄的一张服装照片上传至绘蛙平台，系统会智能添加合适的背景、调整光线等参数，使图片变成具有吸引力的专业模特展示图，如图 7-3 所示。

绘蛙还提供了丰富的 AI 图片处理功能，包括一键美图、一键换装、一键去水印、图片高清修复等。这些功能可以帮助商家轻松优化现有图片资源，提高商品图的整体美观度。当商家拥有一张商品图但其背景不匹配时，可以通过绘蛙的一键换背景功能来选择更加符合商品定位的新背景，从而让商品更具吸引力。

图7-3　绘蛙商品一键上身图示例

另外，绘蛙支持定制专属 AI 模特，如图 7-4 所示。商家上传真人模特照片，绘蛙会在 30 分钟内生成一个 AI 虚拟模特，用于商品展示。这意味着商家可以根据自身需求定制独特的 AI 模特，以适应不同品类服饰的要求，节省了聘请真人模特的高昂成本。

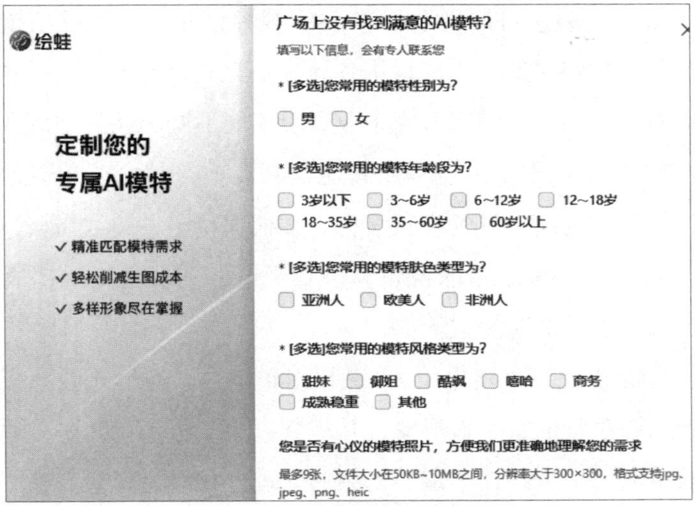

图7-4　绘蛙定制模特功能

绘蛙具备多场景适配的特点，能够满足各类电商平台的需求。无论是小红书上的社交分享图片，还是淘宝、天猫、京东等主流电商平台的商品主图，抑或是速卖通的推广图文，绘蛙都能根据不同平台的特点生成适宜的内容，确保每个销售渠道都能获得最佳表现。

综上所述，绘蛙应用 AI 技术为商家提供了多样化的功能模块和便捷高效的一站式解决方案，赋能商家高效、低成本地设计出高质量的商品宣传图片，进而吸引更多潜在用户的关注，促进销售增长。

7.2.3 自动生成强吸引力营销视频

营销视频是吸引消费者、促进产品销售的有力"武器"，然而传统视频创作流程烦琐、成本较高，难以快速响应市场变化。AI 不仅极大地简化了从创意构思到视频发布的整个流程，使营销视频创作更加简单，同时显著提升了视频质量和个性化程度，从而提高了营销效能。

借助先进的 AI 视频创作工具，企业只需上传产品图片或提供简短的产品描述，便能迅速获得具有创意的营销视频。这些视频不仅巧妙采用了多种运镜技巧和景深变化，多角度展示产品特色，还精准聚焦产品的关键细节，有效吸引用户的注意力。

为了更精准地触达目标受众群体，AI 视频创作工具能够依据品牌的特定需求及产品的独特属性，生成风格各异、视觉效果显著的营销视频。这种多样化的风格定制能力，赋能电商企业吸引偏好不同的各类型潜在用户。

再者，AI 视频创作工具还提供智能视频混剪与整合的功能，使电商企业可以轻松管理和处理大量的视频素材，并根据特定主题或风格进行智能混剪。这为营销活动提供了新的视角和创意灵感，同时也大幅提高了工作效率，减少了人工操作的时间成本。

值得一提的是，一些领先的 AI 视频创作工具已经引入数字人技术，允许企业创建风格独特的数字人形象，并将其应用于营销视频中。通过这种方式生成的数字人播报视频，丰富了视频的表现形式，为观众带来了不同以往而又生动有趣的观看体验，激发了他们的互动兴趣。

例如，魔珐科技推出 AIGC 一站式 3D 视频生成平台有言，充分体现了 AI 在电商营销视频创作方面的巨大潜力。从视频脚本文案生成到视频背景设计，再到完整 3D 视频生成，有言平台能够提供全流程支持，并注重用户体验优化。

平台内置的 AI 脚本功能涵盖产品推荐、知识讲解、大型活动等多个应用场景，并针对每个场景细分出更为具体的类别供用户选择。用户可以根据自身需求挑选最贴合的场景，并补充必要的信息，如产品特点、脚本框架等，由 AI 辅助完成高质量的视频脚本创作。

有言还提供丰富的背景模板、多样化的人物形象及多种语言和风格的配音。当所有的准备工作完成后，用户只需一键操作即可快速生成营销视频，并可对视频进行后期渲染，加入背景音乐、字幕等元素，最终导出成品。整个视频创作过程既简单又灵活，大幅降低了营销视频创作的技术门槛，同时保证了创作结果的专业性和可控性。

总而言之，AI 在电商营销视频创作领域的广泛应用展示了其巨大潜力。无论企业规模大小，都可以利用 AI 创作营销视频，实现更高的运营效率和服务质量，推动整个行业向着更加智能化的方向发展。

7.2.4　一键实现广告混剪

在信息爆炸的时代，如何使营销视频在众多内容中脱颖而出，成为电商企业普遍面临的一大挑战。AI 为电商营销带来了新机遇，特别是通过智能视频混剪工具实现的一键成片功能，极大地简化了营销视频创作流程，提高了视频质量和创作效率，赋予电商企业更大的竞争优势。

百度推出基于 AI 的多模态 AIGC 创意生产平台擎舵 2.0，为电商营销带来了前所未有的便捷性与高效性。高质量的混剪视频是营销广告投放的关键素材，但传统方法依赖人工提炼价值卖点，并需借助专业剪辑软件，既耗时又需要专业技能。而擎舵 2.0 可以自动识别并理解视频素材的内容及其价值内涵，智能地突出产品的核心卖点。

其一键成片功能使基于提示词和原始素材自动生成混剪视频成为可能，

如图 7-5 所示。用户仅需通过简单的 3 步操作——输入提示词生成营销脚本、上传或创建相关视频素材、选择数字人形象及配音音乐，就能迅速制作出能直接投放的混剪视频。

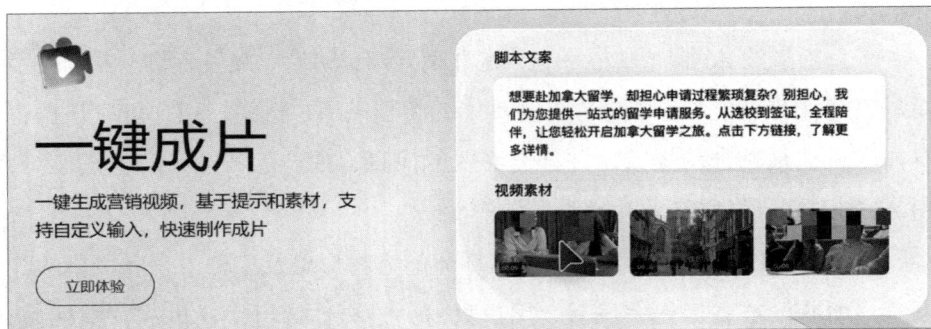

图7-5　擎舵2.0的一键成片功能

面对海量的营销需求，擎舵 2.0 提供批量化解决方案。官方数据显示，其单次最高可生成 25 条视频，这意味着企业在短时间内可以获得大量风格各异但又具有一致性的广告视频。擎舵 2.0 还支持分钟级视频片头和空镜素材生成，这不仅降低了视频拍摄和素材采购成本，还增加了视频素材的多样性。

对于那些对营销海报有大量需求且希望提高质量的企业来说，擎舵 2.0 提供了一个全新的解决方案。它能够根据提示词生成高质量的主体或底图画面，并结合预设的行业模板快速生成可用于投放的营销图。系统内置了超过 30 种主体和 400 多个行业模板，并支持一键修改。无论是设计师还是优化师都能轻松上手，实现从手工制图到 AI 辅助创作的转变。

封面是吸引用户的重要元素。擎舵 2.0 能够一键生成高品质的视频及海报封面，提升营销内容的吸引力与高级感。同时，它还具有智能扩图、拼图等功能，进一步简化图像处理流程，实现高效的视觉内容生产。

针对数字人形象同质化的痛点，擎舵 2.0 面向六大行业推出了超过 100 个高品质数字人，以满足多样化应用场景需求。用户可以选用绿幕数字人以灵活更换背景，也可以使用实景数字人实现更逼真的场景效果，让数字人形象更加贴近行业特色。

为了满足更广泛的数字人形象需求，如古人形象、3D真人、老中医等，擎舵 2.0 还推出了图片数字人功能，允许用户通过提示词一键生成独特的人物形象，为静态图片注入生命力，在降低视频制作门槛的同时提升了创意灵活性。

面对复杂的营销环境，擎舵 2.0 凭借文心一言强大的理解力、创造力、逻辑推理能力和记忆力，构建了营销数据飞轮，以更加精准地识别优质内容。除了在创作初期激发用户灵感外，它还可以在创作过程中提供丰富的生成式体验。擎舵 2.0 计划在未来推出诊断工具，在创作完成后帮助用户分析营销效果、视频结构等，从而指导用户进行更高品质的视频创作，助力营销效果提升。

随着 AI 技术的不断成熟与普及，擎舵 2.0 等智能创意生产平台将成为电商营销不可或缺的重要工具。它们将助力企业更加高效地创作高质量、多样化的营销内容，从而在信息爆炸的时代脱颖而出，赢得消费者的关注与信赖。在 AI 引领下，电商营销将开启一个新纪元，为企业创造更加广阔的发展空间。

7.2.5　可口可乐：打造创意营销广告

作为全球知名的饮料品牌，可口可乐积极拥抱 AI，将其融入电商营销策略中，以打造更加个性化、互动性强且富有情感的广告。

2023 年 3 月，可口可乐与 OpenAI 合作，推出了一条名为 *Masterpiece* 的创意广告，完美融合了 AI 设计与世界名画元素。在这条广告中，一个可乐瓶穿越至多幅世界名画中，如《沉船》《呐喊》《戴珍珠耳环的女孩》等。随着场景的变换，可乐瓶的材质和外观也相应发生变化，配合流畅的转场和富有创意的场景设计，给观众带来了一场视觉盛宴。这条广告迅速走红，收获了极高的播放量和曝光率，成为可口可乐营销史上的又一经典之作。

可口可乐还推出了名为 "Create Real Magic"（创造真正的魔力）的营销活动，邀请用户使用 ChatGPT 和图像生成工具 DALL·E2 设计广告，优秀作品被可口可乐用于营销宣传。这一活动不仅激发了用户的创造力，还让用户有机会参与到可口可乐的营销活动中来。这种方式成功地拉近了可口可乐与年轻一代消费者的距离，激发了他们的好奇心和创造力，同时也为品牌发展注入了新的活力。

2023年9月，可口可乐推出了首款联合AI打造的无糖可口可乐"未来3000年"，如图7-6所示。这款产品的主视觉设计是由AI图像生成器完成的，它将未来感的风格与品牌标志性的红色调相结合，营造出一种超现实却又不失亲和力的画面效果，深受年轻一代喜爱。

图7-6 无糖可口可乐"未来3000年"

除了静态图片外，动态视频也是营销内容的关键组成部分。可口可乐与我国智能科技品牌小度合作，利用AIGC技术共同搭建了"未来畅想平台"。在这个平台上，用户可以通过扫描包装上的二维码进入虚拟创作空间，使用定制化的"未来3000年"AI镜头上传照片，或者参与由AI辅助制作的短视频挑战赛。参与者可以获得独一无二的数字纪念品，还有机会赢取实物奖励。该活动极大地增强了品牌的社交属性，鼓励用户自发地分享自己的作品，形成良好的口碑传播效应。

在2024年新春之际，可口可乐推出"龙年限定罐"和"龙连你我"AI许愿活动。用户只需扫描限定罐上的二维码上传自己的照片和心愿，即可参与到这场全民共创数字艺术作品的活动中来。AI将用户的照片转化为人物头像，并融入可口可乐打造的龙形象中，使这些照片成为其中的"龙鳞"。这些"龙鳞"可以无限延伸，共同构成一幅壮丽的数字艺术作品。这一活动不仅增强了用户对品牌的黏性，还为用户提供了一个表达自我、分享心愿的平台。

在2024年的圣诞营销活动中，可口可乐同时发布了两条不同类型的广告——一条是完全由AI生成的《假日魔法来了》，另一条则是常规真人出演的《假日之路》。尽管前者在网络上引发了一些争议，但不可否认的是，它确实吸引了大量关注，成为讨论热点。更重要的是，这次尝试为品牌积累了宝贵的数据资料，有助于在未来更好地借助AI制作营销广告。

借助AI，可口可乐成功打造了多场创意营销活动，实现了营销活动的创新与突破。这些活动给用户带来了全新的体验，激发了用户参与、分享的热情，进一步巩固了可口可乐在用户心中的地位。未来，随着AI技术不断发展，以及可口可乐这样的领导品牌对AI应用的进一步探索，更多富有创意的互动营销方式将会出现，给用户带来惊喜与感动。

7.3 AI赋能：创新营销后管理

AI不仅可以在营销准备阶段和营销过程中为电商企业提供助力，还可以帮助企业做好营销后管理。具体来说，在营销数据实时监测、营销效果评估与策略调整、营销复盘与报告生成等方面，AI都可以发挥作用，帮助企业提高决策效率和精准度。

7.3.1 随时随地掌握营销数据

在数字化时代，数据已成为企业营销决策的重要依据，而AI在实现营销数据实时监测方面发挥着至关重要的作用，给企业带来了诸多优势。

借助AI，电商企业能够通过多种方式实现营销数据实时监测。企业的各种营销系统和电商平台、社交媒体平台、广告投放平台等对接打通，可以实时获取大量的营销数据，如广告曝光率、点击率、转化率、用户浏览行为、停留时间、转化行为等。许多企业还利用传感器、物联网设备等收集离线甚至线下的营销相关数据，如门店的客流量、顾客在店内的停留时间、商品的试穿试用情况等，从而实现全渠道、更精准的营销数据监测。

AI技术可以最大化营销数据的商业价值。首先，它能够为企业提供及时准确的决策支持。通过实时监测和敏捷的营销数据分析，企业可以迅速研判市场动态变化、消费者需求和行为趋势，从而调整营销策略。例如，当企业推出一款新产品时，AI可以快速汇总该产品在不同渠道的销售情况、消费者的评价和反馈等，智能研判产品的市场接受度，帮助企业及时调整产品策略和营销方案。

利用AI技术分析营销数据有助于企业优化资源配置。AI可以给出智能化建议，比如哪些营销渠道效果最佳，哪些产品或服务最受消费者欢迎，哪些地区市场潜力最大等，辅助企业决策，从而更合理地分配营销资源，提高资源利用效率，降低营销成本。例如，基于AI对广告投放数据的实时监测，企业发现某个广告平台的转化率明显高于其他平台，便会将更多的广告预算分配给该平台，以获得更好的营销效果。

此外，利用AI技术实时监测营销数据还能提升用户体验。通过实时跟踪用户的行为和偏好，企业可以实现个性化营销和服务。例如，电商平台的AI系统可以根据用户的实时浏览行为推荐符合用户兴趣的商品，提高用户转化率和购物体验。

AI还具备预警机制，以应对可能出现的问题。如果某一区域的广告曝光量突然减少，或者某类广告的转化率持续低迷，AI便会发出警报，提醒相关人员注意。例如，在"双11"大促期间，某化妆品品牌的热门单品广告点击率在半小时内下降了30%，AI触发预警，提醒营销团队快速调查。营销团队可以根据实际情况迅速调整策略，防止损失进一步扩大。

阿里妈妈的Uni Desk智能广告投放工具允许广告主在一个界面上管理跨平台的广告活动，同时获得由AI提供的实时优化服务。Uni Desk监控广告的曝光量、点击率等基本性能指标，深入评估广告带来的实际业务成果，如订单数量、客户生命周期价值等。它还能基于这些洞察自动生成优化方案，指导广告主调整创意、定位及其他设置，以达到最佳营销效果。

AI在营销数据实时监测和即时反应方面具有巨大的潜力和优势，能够给企业提供高效、精准的营销决策支持，帮助企业优化资源配置，提升客户体验。

7.3.2　投资回报率升级：提供最佳营销策略

随着电商领域的快速发展，市场竞争越发激烈，电商企业不仅需要制定有效的营销策略来吸引新用户，还需要不断优化现有策略以提高用户留存率和忠诚度。AI能够为电商企业进行营销效果评估及策略调整提供强有力的支持，助力电商企业提升营销活动的投资回报率。

在数字化时代，量化评估营销效果是企业制定和调整营销策略、提升市场竞争力的重要依据。前文也提到量化营销是营销学术研究领域的一个热点，旨在通过科学的方法和合理的指标全面了解营销活动的实际成效，从而帮助企业作出更加精准的决策。

传统的营销效果评估往往依赖定性分析和个人经验，但这种方法难以捕捉复杂多变的市场动态。相比之下，AI能够处理海量的数据，提供实时且精确的反馈，使营销人员可以更快地识别问题并采取行动。

准确评估营销效果的前提是数据质量高且完整。得益于电商相关生态系统的高度数字化，电商企业可以从多个来源收集相关数据，包括但不限于网站或App端流量统计、社交媒体互动记录、广告点击率、网站或App端浏览行为、数字支付等。

AI相关技术可以辅助加速对这些原始数据进行清洗、转换和标准化处理，形成一个高质量的数据集用于后续分析。例如，在数据清洗阶段，AI可以自动检测并去除异常值或重复项；在数据转换过程中，AI可以通过特征工程提取出更有意义的信息。

选择恰当的关键绩效指标（KPI）对于营销效果评估至关重要。常见的KPI包括（不限于）以下几点。

（1）转化率：衡量访问者中有多少人完成购买，通常是电商网站最重要的营销指标之一。

（2）购物车放弃率：衡量访问者添加商品到购物车后未完成购买的比例，

提示潜在问题。

（3）客户获取成本（CAC）：获取新客户所需的平均费用，可帮助评估营销支出效率。

（4）客户终身价值（CLV）：客户在整个生命周期内给企业带来的总收益，有助于制定长期营销策略。

（5）广告支出回报率（ROAS）：计算花费的广告费所带来的收入，是评估广告活动效果的重要指标。

借助 AI 的强大计算力，企业可以快速对比不同时间段的 KPI 差异，识别哪些因素对业绩产生了正面影响，哪些则导致了负面结果。例如，某电商平台引入 AI 辅助的 A/B 测试平台，对各种营销方案进行即时评估，在一定条件下由 AI 引擎自动调度流量和曝光预算的分配，显著提高了整体转化率。

根据评估结果，AI 能够为企业提供智能改进建议，支持企业动态调整营销策略。这涉及调整营销渠道、改进产品或服务、优化营销内容等多个方面。例如，当某个广告系列的表现不如预期时，AI 可以通过分析用户反馈和互动模式，建议更换更具吸引力的视觉元素或文案风格。同时，它也可以帮助企业确定最佳投放时间和频率，确保每一分钱都花在刀刃上。

电商企业可以借助大数据和 AI 技术构建评估模型，以有效避免单一 KPI 代表性有限及多个 KPI 互相矛盾的问题。具体来说，企业可以根据特定的目标（如增加销售额、提高品牌知名度等），结合历史数据训练出预测模型，用以评估当前营销活动的效果。例如，已经被广泛使用的 MMM（Media-mix Modeling）媒体组合建模分析法可以利用 AI 技术低成本、快速建模。AI 还可以利用机器学习算法建立分类器，帮助企业区分有效与无效的营销渠道或创意内容，从而指导未来的资源分配。

一些 AI 发展成果，如大语言模型（LLM）已应用于营销效果评估。以 Transformer 架构下的 BERT 为例，其具有强大的文本理解能力，因此被应用于消费者对品牌、产品或服务的情感分析，用于构建"品牌喜好度"这类非结构化的 KPI。

除了直接作用于营销活动外，AI 还在用户细分和个性化营销领域展现出巨大潜力。通过深度挖掘用户的行为轨迹，AI 可以识别出不同的用户群体及其特点，进而为每个群体量身定制专属营销方案。例如，某知名服装品牌利用 AI 分析用户的购物偏好，构建详细的用户画像，并据此为用户推送个性化商品。实践证明，这种方式极大地提高了用户的参与度和满意度，推动了复购率稳步上升。

综上所述，AI 在电商企业营销效果评估和策略优化中发挥着不可或缺的作用。它提高了营销活动的效率和准确性，为企业提供了更加准确、全面的营销策略建议，推动电商营销智能化发展。

7.3.3 高效复盘并自动生成营销报告

传统的营销复盘往往依赖人工收集和整理大量的原始数据，耗费"表哥表姐"大量时间，还需要营销人员把观点和洞见用 PPT、Word 等形式呈现出来。AI 的引入极大地简化了这个流程，它可以自动从多个渠道获取并处理相关数据。

想象一下，在一次大型促销活动结束后，AI 可以迅速完成所有必要的数据提取工作，营销团队能够立即开始评估活动的整体表现。AI 还能智能识别出那些不易被注意到但可能影响最终结果的因素，协助分析人员生成洞察，或者检查优化结论。

AI 能够通过深度分析来处理海量历史数据，甚至是以往被忽略的非结构性的评价、讨论数据，从而理解消费者行为模式及其背后的驱动因素。例如，识别为什么某些营销渠道的转化率较高，是特定时间段适合推出某种促销活动，还是某些产品组合更能吸引某种特质的用户。进一步探究，为什么这个时间段或者这种产品组合有效？是因为满足了消费者某些场景化的需求和心理诉求？这些原本依赖高级营销分析人员经验甚至直觉的洞察挖掘工作，现在 AI 都可以提供有效的帮助。

人工撰写营销报告需要耗费大量时间处理数据、绘制图表、描述观点，目前 AI 已经可以自动完成这些基础且繁复的工作。AI 可以结合预设模板或用户自定义需求，直接生成各种形式的图表或总结，使复杂的数据变得直观、清晰。

AI 撰写的文字说明简洁明了、重点突出。不仅如此，AI 还能根据受众对象，如高层管理者、市场部门、财务部门等，生成侧重点各异的报告版本，满足企业内部不同层级的决策需求。

例如，Sphinx Mind 是 Optimization Up 公司开发的一款 AI 驱动的智能营销助手，旨在帮助企业优化营销活动。该工具通过与主流营销平台（如 Facebook 广告、Google Ads 和 Google Analytics）无缝集成，提供自动化报告、深入分析和实时优化建议，从而简化营销工作。其设计理念是利用 AI 技术为用户提供基于数据的见解，支持更高效的决策过程，主要功能有以下 3 个：

（1）广告效果分析：通过跟踪和分析跨平台广告效果，帮助企业优化广告投放策略。

（2）用户行为洞察：分析用户行为数据，以识别潜在用户群体并制定个性化营销策略。

（3）实时报告生成：自动生成各类报告，使营销团队能够快速获取关键数据，提升工作效率。

此外，它还支持与 Slack 和 Microsoft Teams 集成，方便团队协作和信息共享。

随着 AI 技术不断发展，类似 Sphinx Mind 的工具有效提高了电商企业的复盘效率。更重要的是，AI 为电商企业提供了科学合理的决策依据，赋能电商企业更加精准地制定和调整市场策略，进而在竞争激烈的市场中保持优势。

AI

第 8 章

AI 数字人：依靠虚拟分身无限圈粉

数字人是 AI 技术的一项重要成果，其具备类人的外观、声音、肢体动作，可以与用户进行自然流畅的交流互动。在电商领域，AI 数字人有着广泛的应用场景，如产品介绍、直播带货等。如今，很多电商企业都启用 AI 数字人，以重塑消费体验，探索新的业绩增长点。

8.1 打造AI数字人的3个步骤

一些电商企业自主打造 AI 数字人，还有一些选择与第三方合作，引入其 AI 数字人产品。打造 AI 数字人需要遵循特定步骤：首先，精心建模，塑造 AI 数字人的性格、形象、音色等；其次，进行驱动与渲染，赋予 AI 数字人"生命"；最后，构建多模态交互系统，使其能实现文本、语音、肢体动作、表情等多种方式无缝交互，为用户提供人性化的服务。

8.1.1 第一步：AI数字人建模

构建能够代表品牌形象且吸引目标受众的 AI 数字人，需要考虑性格设定、视觉形象设计、音色选择等因素。

性格是 AI 数字人区别于其他虚拟角色的重要标志之一。好的性格设定可以使 AI 数字人在用户眼中更加真实可信，从而增强用户的认同感。电商企业应该深入研究目标市场特点，根据潜在用户的偏好确定 AI 数字人的性格特征。例如，遥望科技为自己推出的数字主播"孔襄"设定了热情友好、专业可靠的性格特质，这使她在介绍商品时显得格外亲切自然。

为了使 AI 数字人更好地融入不同场景，不产生违和感，电商企业可以根据不同类型的活动调整数字人的性格表现。例如，在促销活动中可以突出数字人的活力四射，而在为用户答疑解惑时，则突出其沉稳内敛的一面。

AI 数字人给用户留下的第一印象直接影响到用户是否会继续关注。电商企业应根据品牌定位选择合适的数字人风格，如写实、卡通等。同时，在面部表情、身体比例、服装搭配等方面也需要精心打磨，确保每一个细节都符合 AI 数字人的定位。

以知名美妆品牌花西子为例，其打造的 AI 数字人"花西子"是一位清丽脱俗的古典美人。"花西子"遵循东方传统面相美学，眉间一个美人痣，耳朵上佩戴莲叶饰品，手持并蒂莲，尽显东方古典韵味。她的服饰融合了传统与现代元素，色彩淡雅，细节之处精雕细琢，彰显品牌的文化底蕴。

随着季节变换或节日来临，适时更新数字人的装扮也是一种有效的营销手段。例如，春节期间推出红色系主题服饰，既符合传统习俗又容易引起共鸣。

除了性格、形象外，声音也是数字人魅力的重要组成部分。研究表明，熟悉的声音能引发听者大脑的情感反应，对促进购买具有重要意义。挑选拥有迷人嗓音且能完美诠释 AI 数字人性格特点的配音演员至关重要。如果不采用真人配音的方式，现代 AI 语音合成技术可以提供高质量的替代方案。例如，相芯科技引入国内领先的大模型，通过模拟真人主播的音色、断句、气口等，打造出几乎与真人无异的声音，极大地提高了直播效果和用户留存率。

市场上已经有不少 AI 数字人建模工具，允许用户通过简单操作实现高效、低成本的 AI 数字人建模。这类产品提供丰富的素材和编辑功能，用户无须掌握复杂的 3D 建模知识，只需拖拽已有模板，进行简单设置，就能快速生成高度逼真的数字人，如图 8-1 所示。

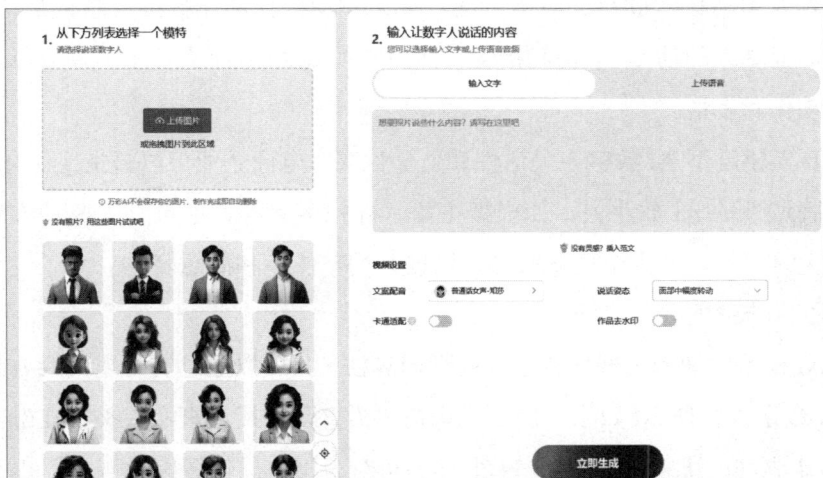

图8-1 万彩AI数字人建模

AI 数字人建模工具降低了数字人建模技术门槛，即使是小型电商企业也能轻松获取这项服务。借助这些工具，电商企业在进行 AI 数字人建模时，可以根据自身需求选择最合适的方案，打造具有独特性格、形象、音色的 AI 数字人，为业务发展增添助力。

8.1.2　第二步：AI数字人驱动与渲染

驱动能够实现 AI 数字人由静到动的转变，使其具备自然流畅的肢体动作、面部表情，赋予 AI 数字人"生命"。AI 数字人驱动方式主要分为 3 种，如图 8-2 所示。

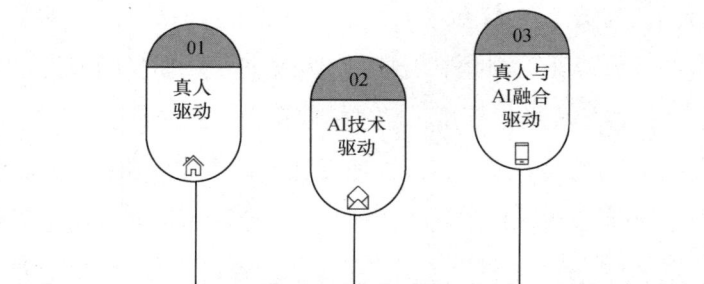

图8-2　AI数字人的3种驱动方式

1. 真人驱动

真人驱动技术成熟，应用广泛。真人驱动依托动作捕捉设备或摄像头，实时捕捉真人的动作、表情和语言，然后映射到 AI 数字人身上，使其具有自然的动作和表情。

真人驱动型 AI 数字人灵活性和可塑性高。电商企业可以打造定制化、符合品牌调性的 AI 数字人，如虚拟主播、虚拟客服等，通过真人驱动方式与用户实时互动，提供个性化服务，以提升用户体验和满意度。

2. AI 技术驱动

AI 技术驱动的实现依赖于深度学习算法。其可以通过实时或离线方式驱动 AI 数字人，使 AI 数字人的面部表情、语言动作接近真实人类。在电商领域，AI 驱动的虚拟客服可以 24 小时不间断为用户提供智能化服务，提高服务效率，降低人力成本。

3. 真人与 AI 融合驱动

真人与 AI 融合驱动集合了上述两种方式的优势，智能化水平更高，应用场景更广泛。真人与AI融合驱动通过真人来捕捉基础动作和表情神态，通过AI技术赋予数字人智能化交互和自主学习能力。基于此，AI数字人拥有类似真人的动作和表情，不但能够与用户自然互动，还能根据用户反馈不断优化自己的行为。

百度智能云打造的新一代数字人平台"曦灵"就融合了真人驱动和AI技术驱动，其凭借先进的动作捕捉技术和深度学习算法实时捕捉和渲染真人的动作、表情和语言。借助该平台打造的数字人具有强大的理解和互动能力，能够和用户展开自然流畅的对话，在客户服务、品牌推广等领域，曦灵数字人已经得到广泛应用。

在具体环节上，AI数字人驱动分为面部驱动和肢体动作驱动。面部驱动以嘴型为核心，通过算法训练，精准构建文本、语音与嘴型视频之间的对应关系，从而生成驱动嘴型变化的模型。而肢体动作驱动则主要依赖动作捕捉技术，精准捕捉真人的动作，再将其映射到数字人身上。

动作捕捉技术分为光学、惯性和计算机视觉3种类型。光学动作捕捉具有较高精度，应用成熟但设备成本高昂；惯性动作捕捉精度较低，成本也低，场地限制小；计算机视觉动作捕捉比较简单，摄像头拍摄的图像就可用于三维建模，成本较低，但建模计算量大。

渲染是通过为AI数字人添加几何、纹理、阴影等元素，使其从模型转化为图像。渲染能够优化AI数字人的光影效果，使其面部表情、肢体动作等更加自然逼真，提升整体真实感。

渲染方式主要分为离线渲染和实时渲染两种。离线渲染不追求实时性，图像数据不进行实时计算与输出，渲染时间较长，渲染计算资源丰富、计算量大，因此渲染质量很高，适用于对画面质量要求严苛的场景。

实时渲染则注重交互性和时效性，强调图像数据的实时计算与输出，计算资源有限，因此渲染质量相对较低。实时渲染通过模拟不同照明条件下的光照和阴影效果，利用渲染引擎或实时渲染技术生成数字人的最终图像。例如，Unreal Engine 5引入的Lumen和Nanite技术便能够实现实时渲染。它们能够实时计算光照效果，实现高度精细的三维模型渲染。实时渲染适用于对实时性要求高、能及时回应用户反馈的场景，如直播。

8.1.3　第三步：AI数字人交互设计

交互设计是打造 AI 数字人的关键一步，能够使 AI 数字人与用户进行自然流畅的交互。通过语音识别、自然语言理解、情感分析等技术，电商企业能够为数字人设计交互逻辑和场景，并设计文本、语音、肢体动作与表情等多种交互方式，使 AI 数字人拥有多模态交互能力。

1. 文本交互

文本交互是最基础也是最常见的交互形式之一，它允许用户通过打字输入问题或指令，AI 数字人则利用自然语言处理技术来解析这些信息，并给出恰当的回答。在电商场景中，拥有文本交互能力的 AI 数字人可以充当在线客服，回答用户咨询、跟踪订单等。

为了提高文本交互质量，电商企业应当构建一个全面的知识库，包含常见问题解答、商品详情等内容。此外，还可以引入深度学习模型，使 AI 数字人具备上下文理解能力，从而实现更复杂、更自然的交流沟通。例如，在用户询问某款化妆品是否适合自己的肤质时，AI 数字人不仅能够提供一般性的建议，还能基于之前的交流记录向用户推荐更合适的产品组合。

2. 语音交互

语音交互为用户提供了一种更加便捷的方式与AI数字人沟通。借助自动语音识别技术和智能语音合成系统，AI 数字人可以直接接收用户的口头指令，并以自然流畅的话语作出回应。

为了保证语音交互的效果，电商企业需要确保平台支持高质量的音频采集，并优化后台算法以提高识别准确率。考虑到不同地区的口音差异，还应该对语音模型进行本地化调整，以便更好地服务于目标市场。另外，基于情感分析技术，数字人可以根据对话的情绪变化调整语气，使交互更人性化。

3. 肢体动作与表情交互

除了言语上的交互外，非语言信号，如肢体动作和面部表情同样重要。它们可以传达更多信息，提升交流的真实感和亲切度。通过动作捕捉技术和计算机视觉，AI数字人可以模仿真人做出各种姿态，如点头表示同意、微笑表达欢迎等。这不仅增强了视觉吸引力，还促进了情感连接。

例如，在商品展示环节，虚拟模特可以通过逼真的动作演示产品的特点和用法，给顾客带来身临其境般的购物体验。在介绍一款新推出的运动鞋时，数字人可以展示穿着效果并模拟跑步姿态，让用户直观感受到鞋子的实际性能。此外，针对特定节日或促销活动，还可以为AI数字人设计独特的舞蹈或动画效果，增添趣味性。

为了给用户带来无缝衔接且高度沉浸的交互体验，电商企业应整合多种交互方式，使AI数字人具备多模态交互能力。这意味着要打破单一交互方式限制，让数字人能够适时灵活切换交互方式，满足用户的多样化需求。

例如，在直播带货过程中，观众不仅可以发送弹幕提问，还可以直接向AI助手发出语音指令。AI助手可以根据实时监控到的情绪倾向调整回答策略，甚至适时插入幽默段子调节气氛。这种多模态的互动方式，既增强了用户黏性，又为品牌营销创造了更多可能性。

总之，电商企业在打造AI数字人时，应高度重视文本、语音、肢体动作与表情等方面的交互设计，为用户提供多种交互方式，丰富用户体验，提升互动质量。

8.2　思考：AI数字人可以做什么

当前，AI数字人产业正值发展黄金期。据IDC公司预测，到2026年，我国AI数字人市场规模将增长至102.4亿元。在电商领域，AI数字人有着广泛的落地场景，如智能产品讲解、跨语言与跨文化交流、产品试穿/试用、品牌代言与宣传等。这些应用能够助力电商企业提升品牌知名度和影响力，挖掘更广阔的价值空间。

8.2.1　产品讲解员：为用户介绍产品

随着AI技术的迅猛发展，AI数字人已成为电商行业的新宠。在产品智能讲解方面，AI数字人不仅能够充当智能客服，通过文字详细介绍产品特性，还可以作为虚拟主播，以视频形式生动展示产品功能与优势。

AI数字人可以被部署在产品详情页上，作为智能客服为用户提供即时帮助。当用户浏览某个产品时，如果对某些细节存在疑问，只需点击页面上的"咨询"按钮，即可与AI数字人对话。AI数字人会根据内置知识库为用户提供详尽的回答。

在直播带货场景中，AI数字人可以扮演主播的角色，按照预先设定好的脚本讲解产品特点，展示实物效果，模拟使用场景。更重要的是，AI数字人不受时间和空间限制，能够实现24小时不间断直播，满足全时段用户咨询需求。

言犀数字人是京东推出的一款AI驱动的直播带货工具，已在超过7500家品牌直播间稳定开播。言犀数字人具备强大的知识库支持，涵盖了丰富的产品类别，并能根据不同场景自动调整话术，确保每次讲解都贴合目标受众的需求。

例如，在一次电子产品促销活动中，言犀数字人被用来详细介绍一款新型智能手机的功能特点。当用户进入直播间后，数字人首先展示手机外观设计，并逐一介绍屏幕分辨率、摄像头像素等关键技术参数。接着，它针对用户关心的问题，如电池续航能力、充电速度等进行了深入剖析。其间，数字人还适时播放了相关视频片段，让用户更直观地感受到产品的实际使用效果。

AI数字人在产品智能讲解方面的应用革新了传统的电商服务模式，为商家开辟了新的营销路径。凭借强大的技术支持，AI数字人成功解决了许多中小型电商企业面临的难题，如高昂的人力成本、有限的内容生产能力等。未来，随着相关技术不断进步和完善，AI数字人将在电商领域发挥越来越重要的作用，推动整个行业向着更加智能化的方向迈进。

8.2.2　翻译员：打破语言与文化壁垒

在全球化日益加深的今天，跨境电商已经成为国际贸易的重要组成部分。然而，语言障碍和文化差异往往成为企业拓展海外市场面临的重大挑战。AI数字人的出现，为解决这些问题提供了全新的思路和技术手段。它们不仅能够打破语言壁垒，还能促进不同文化间的相互理解和交流，从而极大地提升跨境电商业务效率和用户体验。

在电商领域跨语言与跨文化交流方面，AI数字人可以起到以下作用，如图8-3所示。

图8-3 AI数字人在跨语言和跨文化交流方面的作用

1. 多语言直播

AI数字人通过集成先进的语音合成、唇形驱动等技术，可以轻松实现多语言直播。这意味着，在跨境电商平台上，无论是来自哪个国家或地区的消费者，都能享受到流畅的购物体验，而无须担心语言不通的问题。例如，青否数字人直播系统可以输出多达140种语言。在跨境电商直播中，无论面对的是欧洲、亚洲还是其他地区的消费者，AI数字人都能轻松用当地语言进行产品介绍、互动答疑，帮助商家覆盖更广泛的国际市场。

2. 个性化客户服务

基于自然语言处理技术，AI数字人可以理解来自不同国家和文化背景的客户的咨询内容，并以客户熟悉的语言精准回复。无论客户是在白天还是夜晚咨询，AI数字人都能及时响应，有效提高客户满意度。而且，数字人可以根据客户的购买历史、浏览行为等数据，结合不同文化背景下的消费习惯和偏好，提供个性化的产品推荐和解决方案，提升客户的购物体验和忠诚度。

3. 品牌形象塑造

商家可以根据目标市场的文化特点和审美需求，定制具有当地特色的 AI 数字人作为品牌代言人或形象大使。数字人可以在各种线上线下营销活动中出现，以亲切、自然的方式与当地消费者互动，传递品牌价值观和文化内涵，提升品牌在国际市场的知名度和美誉度。

4. 跨语言广告与营销内容创作

AI 数字人可以根据不同国家和地区的语言、文化和市场特点，快速生成定制化的广告文案、宣传视频等营销内容。这些内容在语言表达上更加地道、自然，在文化内涵上更能引起当地消费者的共鸣，从而提高广告的点击率、转化率。同时，AI 数字人还可以根据实时数据和市场变化，及时调整和优化营销内容，保持营销活动的有效性和吸引力。

摩尔普斯推出的摩世数字人不仅在我国市场得到了广泛应用，还进入泰国、越南等地市场，在促进电商领域跨语言与跨文化交流方面发挥着重要作用。摩世数字人具有多样化的智能功能，可简化传统直播带货流程。例如，其自动生成的虚拟主播具备多语言翻译、智能生成直播脚本、进行交互式问答等能力，并能自动生成符合直播场景要求的虚拟环境。借助摩世数字人，跨境电商直播更加高效，电商企业能够获得更多的效益。

在海外市场，摩世数字人基于摩尔普斯所建立的 AI 数字人数据库进行本土化设计，更符合当地市场和用户需求，并能根据产品类别自动匹配最合适的主播形象。基于摩世数字人，跨境电商企业可以跨越语言和文化壁垒，无缝切换不同的语言，为客户提供个性化服务，建立全球化品牌形象，展示自身的独特价值主张。

8.2.3 模特：帮助用户试穿或试用产品

在传统的线上购物中，消费者只能依赖图片或视频来判断产品是否适合自己。这种方式缺乏互动性和直观性，难以准确反映产品上身的实际效果，导致购买决策不够精准，并且容易因尺寸不合适、实物有色差等问题而造成退货。随着 AI 技术的进步，特别是在计算机视觉、深度学习、AR 等领域的突破，虚拟试穿试用成为可能，极大地改善了消费者的在线购物体验。

AI数字人试穿试用产品的核心在于创建一个高度个性化的虚拟形象——数字分身。消费者只需提供体重、身高、体型、肤色等信息，就能构建出一个逼真的3D模型。消费者也可以上传个人照片，进一步调整模型的姿态、表情等细节，确保生成的数字分身尽可能贴近真实的自我。这不仅提高了虚拟试穿试用的真实性，还让消费者更容易找到符合自己身材特点的产品。

AI数字人试穿试用产品往往提供丰富的自定义选项。例如，消费者可以根据自己的喜好更改服装的颜色、款式等；选择室内、室外等不同的背景，模拟各种场景下的穿着效果。

作为国内领先的电商平台之一，淘宝推出了AI试衣间功能，让用户能够在家里轻松"穿上"心仪的衣物，查看实际效果。具体来说，用户可以填写体重、身高、体型等相关信息，生成一个高度个性化的数字分身，如图8-4所示。此外，淘宝还支持用户上传自己的照片来创建更加真实的试衣分身，进一步增强了用户体验的真实感和趣味性。

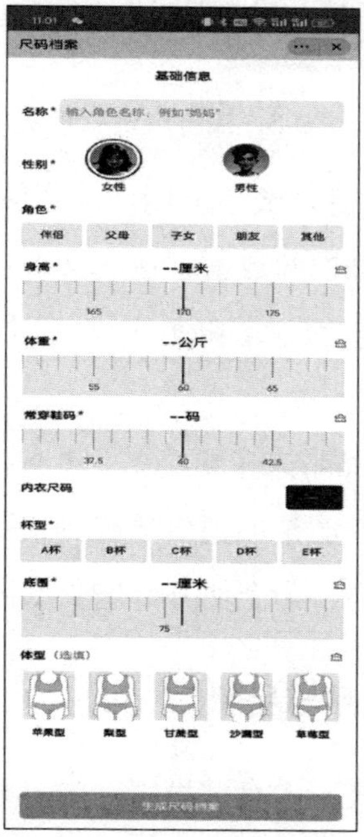

图8-4 淘宝AI试衣间用户尺码档案设置

淘宝会根据用户的个人信息及偏好为其推荐合适的产品，用户可以选择喜欢的产品进行虚拟试穿，甚至可以更换服装款式和颜色，如图 8-5 所示。确认试穿效果后，用户可以将喜欢的服装加入购物车或直接购买。

图8-5　淘宝AI试衣示例

对于商家来说，AI 数字人试穿试用产品意味着更高的转化率和更低的退货率。根据某市场研究机构的数据，在线试衣功能可以帮助商家提升 26% 的交易额。这主要是因为它能显著降低消费者对产品质量不确定性的担忧，从而促进更多订单的完成。

AI 数字人试穿试用产品带来了更高效、更有趣的消费体验，正在逐步改变传统的购物模式。这不仅能帮助消费者找到最适合自己的产品，还能为电商企业创造更大的经济效益，为企业开辟增长新路径。

8.2.4　代言人：宣传产品与品牌

使用名人、明星作为代言人有"塌房"的风险，品牌形象会因名人、明星陷入舆论风波而受到损害。而 AI 数字人不会做出违法乱纪的事情，可以有效避免"塌房"风险，而且成本较真人代言更低。作为新兴传播媒介，AI数字人已成为众多电商企业塑造和宣传品牌形象的新选择。

与传统的明星代言相比，AI数字人代言有3个明显的优势：打造独特的品牌记忆点，让消费者记住品牌；激发品牌活力，创新品牌宣传推广方式；推动粉丝群体良性发展，培养忠实用户群体。依托语音识别、真实形象克隆、声音克隆、孪生姿态合成等先进技术，AI数字人可以紧密契合品牌的需求和独特价值主张。品牌可以借助AI数字人，成功传达自身的精神、理念、文化等。

例如，洛天依是上海禾念推出的二次元虚拟偶像，一经问世就获得了大批粉丝的喜爱。在B站（哔哩哔哩弹幕网）控股上海禾念后，洛天依成为B站的"当家花旦"，举办了多场全息演唱会，参加了多家电视台的活动，影响力不断提升。

洛天依的火爆，使其商业价值越发凸显，不仅演唱会门票火速售罄，其代言的产品雀巢、必胜客、美年达、肯德基、森马、三只松鼠等也获得了大量粉丝的关注。在直播带货领域，洛天依也有出色表现。例如，洛天依进入淘宝直播间，作为虚拟主播推销美的、欧舒丹等品牌的产品，引发了众多消费者的关注。

AYAYI是我国首个超写实数字人，她不仅作为数字员工入驻阿里巴巴，成为天猫超级品牌日的数字主理人，还像真人明星一样作为品牌代言人参加各大品牌活动，拍摄时尚大片。

2023年7月，资生堂宣布邀请AYAYI、Noah、MUSE、ALPHA四位虚拟数字人作为"红腰子冻干粉"产品代言人，如图8-6所示。另外，资生堂还以AI数字代言人为核心开展了一系列品牌宣传活动，实现虚实联动。例如，让真人品牌代言人和AI数字代言人围绕"美"这一话题展开讨论；举办美妆点映会、摄影展等活动；让AYAYI与真人主播携手开展直播带货等。

2024年5月，AI数字人"京小美"作为代言人亮相"2024北京直播电商购物节"。其结合了人工智能、虚拟现实等AI技术，具有高度逼真的形象，能够和用户进行流畅的交流互动。"京小美"主持了购物节启动仪式，并在购物节期间开展直播首秀，向消费者推荐物美价廉的北京好物，给消费者带来全新的购物体验。

图8-6　资生堂"红腰子冻干粉"产品四位虚拟代言人（右二为AYAYI）

除了上述案例，市场上还有许多品牌选择 AI 数字人作为代言人。例如，柳夜熙担任娇韵诗的虚拟代言人，屈臣氏打造品牌代言人屈晨曦，伊肤泉以数字人瑶姬作为代言人，钟薛高以阿喜 Angie 作为品牌代言人……这些成功实践都证明了 AI 数字人在塑造品牌形象、提升品牌影响力方面的巨大价值。

AI 数字人开启了品牌代言与宣传的新篇章，引领电商营销走上智能化、创新化的新道路。未来，AI 数字人将在更多领域展现其独特魅力，为品牌创造更多可能性。

8.3 新玩法：让AI数字人做直播

在科技迅猛发展的今天，AI 数字人已从虚构走向现实，成为我们生活中的新伙伴。AI 数字人不仅能流畅地与我们交流，还能在直播平台上展示商品、解答疑问，有效推动产品销售。AI 数字人的兴起，正逐步颠覆传统直播带货方式，给消费者带来耳目一新的购物体验。

8.3.1　AI数字人直播带货优势多多

在电商行业蓬勃发展的当下，直播带货已成为各大品牌角逐市场的关键手段。而近年来 AI 数字人直播异军突起，凭借诸多优势成为电商直播的新宠，重塑了传统电商直播模式。

以京东和天猫两大电商巨头为例，它们的数字人直播时长呈现迅猛增长之势。根据相关数据，真人直播的 GMV（Gross Merchandise Volume，商品交易总额）逐渐被数字人直播赶超。从更宽泛的产能层面来看，数字人直播产能已达真人直播的 82%。

究其根本，AI 数字人直播带货之所以发展火热，受到各大品牌青睐，是因为其具有以下诸多优势。

（1）全天候直播。AI 数字人不会疲劳，不需要休息，可以 24 小时不间断直播，使品牌实现全时段曝光，吸引更多消费者。

（2）个性化定制。在形象方面，AI 数字人的形象可以根据品牌形象和需求进行定制化设计，包括外貌特征、语音语调、表现风格等，有助于塑造独特的品牌形象。在内容方面，AI 数字人输出的内容、推荐的产品可以根据目标受众的偏好和行为实时调整，更贴合目标受众的需求。

（3）成本效益。使用 AI 数字人直播带货，企业可以节省人工工资、福利等费用。而且，AI 数字人直播带货只需一台电脑，节省了设备投入和直播间搭建成本。

（4）多语言支持。AI 数字人具有强大的自然语言处理能力，能够实现多语言直播，打破地域界限，帮助品牌拓展市场。

（5）法律与合规性。在现实中，因真人主播言论不当导致直播间被封甚至将品牌推上风口浪尖的案例比比皆是。AI 数字人按照预设的脚本、程序运行，不会自主发表观点或评论，避免了一些不必要的争议，降低了法律和合规性风险。

令颜欢是魔珐科技打造的超写实国风虚拟女侠，她以精致外形、独特个性和风趣互动吸引众多粉丝。令颜欢人气火爆，出道后一周抖音粉丝就突破

60万，全网视频播放量破亿，单场直播的场观人次、点赞数等数据十分可观。

2023年8月，令颜欢入驻抖音本地生活赛道，与抖音本地生活联合推出《街里有成都》短片，迅速破圈，为直播间带来大量人气。之后，其开启了"与你一起千里江山"系列直播，带领粉丝领略成都本地的吃喝玩乐、人文故事等，直播间粉丝反响热烈，互动频繁。2023年8月22日的"令家好货·女侠严选"专场直播带货活动，更是开启了3D虚拟人独立直播带货的先河，为粉丝带来"三亚纯玩小包团"等超值旅行套餐。

AI数字人直播带货崛起之势不可阻挡，未来有望继续引领电商行业变革，给消费者带来更多惊喜。

8.3.2 平台赋能，实现直播间一站式打造

在数字化转型大潮中，直播电商行业迎来了前所未有的发展机遇。如何在众多直播间中脱颖而出，吸引并留住观众，成为商家亟须解决的问题。青否数字人直播平台以其强大的AI技术和一站式服务，为商家提供全新的数字人直播间解决方案，让直播变得更加智能高效。

具体而言，青否数字人直播平台具有以下功能。

1. AI 数字人主播

借助AIGC技术，商家只需录制1分钟绿幕视频，系统就能快速克隆出一个栩栩如生的数字人主播形象。数字人主播形象逼真、动作自然，还能根据商家需求进行个性化定制，轻松满足电商、本地生活等多种直播场景。

2. AI 布景

平台支持自定义拖拽直播间背景、数字人主播位置和大小等，还支持商家自主上传图片或视频作为背景、装饰。

3. AI 讲品

AI可以根据直播商品自动生成话术，并在直播过程中根据实际情况实时改写话术，确保每一场直播的内容都是新鲜、独特的，避免话术重复。

4. AI 互动

青否数字人直播平台提供五大互动类型：

（1）智能互动。开播后，AI 数字人会自动学习产品话术，及时回复观众在公屏上提出的问题。

（2）弹幕互动。针对观众提出的问题，AI 数字人能够在评论区快速回复，还可以定时发送弹幕。

（3）关键词互动。当观众的评论触发特定关键词时，AI 数字人会及时回复。

（4）氛围引导。数字人主播会欢迎新人，感谢关注、点赞等，颇具真实感。

（5）真人接管实时互动。必要时，运营人员可通过音色克隆来接管直播，控制数字人的言行。

5. AI 售卖

数字人讲解某款商品时，小黄车的购物链接会自动跳出，无须人工操作。

6. 私有化部署

青否数字人直播平台支持商家在抖音、快手、淘宝、TikTok、京东、小红书等多个平台上搭建直播间，商家可以独立部署系统并自定义所有版权信息，只需购买一次就可长期使用。

在青否数字人直播平台上搭建直播间的步骤很简单，如下所示。

（1）选择数字人主播：从模特库中选择合适的数字人主播，并为其选择合适的音色。

（2）直播间装修：确定主播的大小、位置及背景、装饰等。商家可选择系统默认背景，也可上传本地图片或视频作为背景。

（3）添加产品和话术：点击产品，输入产品名称并确认，然后在产品管理端添加详细的话术。

（4）设置互动：可选择开启氛围引导、智能互动等功能，也可添加问答内容、关键词。

青否数字人直播平台功能全面，为企业打造数字人直播间提供了强有力的支持。借助青否平台，企业可以轻松实现直播间快速搭建、高效运营和智能优化，从而赢得更多用户的关注和信赖，实现业务的持续增长。

8.3.3 AI数字人"采销东哥"的直播首秀

2024年4月16日下午6时18分，京东集团创始人刘强东以"采销东哥"AI数字人形象在京东超市和京东家电家居采销直播间完成直播首秀。开播不到1小时，直播间观看量便突破2000万，整场直播累计成交额超过5000万元。

京东超市采销直播间40分钟内的订单量突破10万，观看人数超过1300万，创下该直播间开播以来观看人数新高。随着直播的推进，近1小时观看量攀升至2000万以上，用户平均停留时长达到日常的5.6倍。

在此次直播中，"采销东哥"AI数字人共介绍了13款商品，整体订单量环比前一周日均增长8倍。值得注意的是，"采销东哥"AI数字人还官宣了京东超市"百亿农补"项目——计划在未来3年投入百亿元，用于补贴农产品，确保消费者能以全网最低价购买到优质农特产品。

在直播过程中，"采销东哥"AI数字人的表现引发网友热议。许多网友将其与真人进行对比，发现他偶尔会做出搓手指、看手机等动作，纷纷留言猜测其是否为真人。实际上，这得益于京东云言犀数字人的全面升级。接入言犀大模型后，AI数字人具备更丰富的表现力和更智能的交互能力。

为了高度还原刘强东的动作细节，京东云言犀团队采用了独创的大姿态数字人技术。这项技术能够生成大幅度动作，如走动、侧脸等，还能成功复刻刘强东的小习惯，如搓手指、略微仰头，甚至能模仿其看手机的动作。相关数据表明，在直播时，大部分用户难以在120秒内发现这是数字人。

地道的宿迁口音也是此次直播的一大亮点。京东云言犀团队原本想用刘强东的演讲音频作为AI数字人的学习素材，但测试后发现语气过于正式，不适合直播带货。因此，团队录制了一段刘强东闲谈的音频，以此为素材提取他的声学特征，再借助言犀语音大模型生成人工语音。在直播中，"采销东哥"AI数字人表现出色，发音准确率高达95%以上。

"采销东哥"AI数字人直播首秀告捷，彰显了京东在技术普惠方面的卓越成果。京东向生态链上下游合作伙伴开放核心技术，助力其以技术突破赋能业务发展，从而实现降本增效，优化用户体验。如今，言犀数字人的日成本已经压缩至 100 元之内，全新发布的 3.0 版本无须配置本地电脑，可以实现上千个直播间云端同时开播。

凭借低成本、高效转化的优势，京东云言犀数字人逐渐从内部场景向外拓展，服务超过 4000 家品牌直播间，展现了其在电商直播领域的巨大潜力。

尽管"采销东哥"的初次登场取得了不错的反响，但也不乏批评的声音。一些网友指出，相比真人主播，"采销东哥"显得有些生硬，缺乏感情。然而，从另一个角度来看，这恰恰反映了公众在对高质量 AI 数字人寄予厚望的同时，也对其提出了更高的要求。

AI

第 9 章

AI 导购：让用户享受虚拟顾问

AI 导购基于 AI 技术，结合深度学习与大数据分析，实现对用户购物需求的精准理解与个性化推荐，从而为其带来更加智能、高效的购物体验。AI 导购的出现标志着电商行业从传统的"人找货"模式（根据明确的需求去搜寻匹配）向"货找人"模式（挖掘潜在需求，推荐相关产品或服务）转变。

本章将从 AI 导购的技术内核——AI 对话切入，探讨其发展路径，提炼 AI 导购的 4 个核心价值，并对市面上已经投入使用的 AI 导购应用作详细介绍。

9.1　AI对话——AI导购之本

AI 导购之所以能够理解用户需求、推送个性化信息，其背后的核心驱动力在于 AI 对话系统的发展。基于自然语言处理、机器学习等技术，AI 对话系统能够与人类进行流畅、有意义的交流，这正是电商平台实现智能服务、提升用户体验的关键。

在本节中，我们先来了解一下 AI 对话发展的 3 个阶段——简单应用、场景化嵌入与工具级进化，探讨其在不同发展阶段能够为电商导购带来怎样的帮助。

9.1.1　应用级阶段的AI对话

在应用级阶段，AI 对话的价值主要体现在应用方面。例如，依托电商平台通过问答形式帮助用户作出消费决策，就像我们平时在店内看见的导购一样。随着产品的多样性和复杂性不断提升，用户购物时往往要依赖大量的信息来找到真正适合自己的产品。而在当下这个快节奏的时代，用户大多会利用碎片化时间网购，他们非常希望在发现自己感兴趣的产品后，能有一个导购来帮助他们迅速了解产品。

在电商领域，AI 对话系统能充当导购的角色，不过这个导购从线下的店内转移到线上的电商平台，成为更智能、更具科技感的 AI 导购。作为 AI 导购的 AI 对话系统能很好地承担起回复产品咨询的责任，回答用户关于产品的各种问题，包括产品的规格、性能、价格、使用方法、适用人群等，以保证用户获取信息的及时性和丰富性。这些信息将成为用户了解产品，作出消费决策的重要依据。

假设你想在淘宝上购买一款数码相机，那么你可能想知道数码相机的续航时间是多少、是否具备防水功能、能够匹配哪些手机系统等信息。AI 对话系统会根据预设的程序和知识数据库，借助 AI 算法和云计算等强大的后台技术支持，在极短的时间内生成内容，准确地回答这些问题，让你在全面了解产品的基础上作出更明智、更精准的购买选择。

甚至你还可以提问"在不同光线条件下，如何设置参数才能拍出最佳效果的照片"，AI 对话系统会根据预设的摄影知识进行回答，帮助你更好地了解数码相机的实际使用表现。而且通过不断的学习和数据积累，AI 对话系统给出的回答会更准确，更好地匹配你的需求。

除了产品咨询，AI 对话系统还能在购买流程上起到指导作用。对于一些不熟悉电商平台操作流程的用户，如老年群体或初次使用电商平台的用户，AI 对话系统可以详细指导他们如何注册账号，如何添加产品到购物车，如何选择支付方式，以及如何查看订单状态等。这能改善用户的购物体验，减少因为操作不熟悉而导致的购物障碍。

目前，大多数 AI 对话系统都处于应用级阶段。即使很多电商平台已经有了自己的嵌入式 AI 对话系统，但在用户没有产生刚需的情况下，AI 对话系统只是一种在特定消费场景下才会被想起的工具。用户购物时如果遇到问题，可能会向 AI 对话系统寻求帮助，但如果没有问题，可能就不会主动使用它。

这意味着 AI 对话系统还要进一步发展，才能从应用级工具转变为用户不可或缺的智能助手。不过我们有理由相信，随着 AI 等技术的持续迭代，未来 AI 对话系统将不断突破局限，像人类一样灵活自如地融入各种语言情境和消费场景中。

9.1.2　嵌入级阶段的AI对话

进入嵌入级阶段，AI 对话系统就从简单应用升级为场景化嵌入。相较于当前的 AI 对话系统，嵌入式 AI 对话系统的不同之处在于，它不用网，更灵活。

先来解释一下"不用网"。一个不可否认的现实是，目前我们看到、用到的绝大多数智能系统和智能产品都离不开网络。没有网络，再智能的机器人也理解不了人类在说什么。但随着 AIoT（AI+物联网）的不断发展，未来大多数智能化场景都需要终端具备本地响应和自主决策能力。设备需要在不依赖云端的情况下进行独立计算，完成用户语义的本地识别，进而在任何网络环境下都能与用户对话。

目前，百度正在开发嵌入式对话技术，并将这种技术以 SDK（Software Development Kit，软件开发工具包）的形式提供给开发者。它具备一个很关键的能力——"离线中控"，使系统可以对多个场景进行分发与管理。每个单独场景中再配备基础分析、启发式语义理解及结果选择等技术模块，配合离线语义解析模型进行训练和应用。

考虑到不同业务场景需要的解析与对话能力不同，而且不可否认的是，在理解与满足用户需求上，在线服务还是更胜一筹，所以嵌入式技术的离线能力主要是保证设备的核心智能交互系统相对稳定。因此所谓的"不用网"其实还是在线与离线相结合，如果终端网络不稳定导致在线对话系统延迟，那么后台（开发者）可以根据具体的业务情况选择等待在线系统响应或启用离线系统。

在电商导购方面，嵌入式 AI 对话系统可以在网络不稳定的情况下，根据用户的历史购物数据分析其偏好并进行商品推荐，使用户在任何情况下都能快速获得个性化购物建议。同时，由于数据处理和分析在本地进行，数据在传输过程中的暴露风险相对减少，有助于保护用户隐私。在搭载嵌入式 AI 对话系统基础上，电商平台可以通过加强数据加密和本地化处理等方式，确保用户数据安全，进而提升用户的信任度和忠诚度。

"更灵活"就很好理解了。嵌入式 AI 对话主要聚焦特定的场景，在用户进行高频或重要操作时即时触发。所以在设计上，嵌入式 AI 对话系统更加轻量化，通常以 LGUI（轻量级图形用户界面）为核心，力求实现用户与 AI 系统之间的高效互动。

例如，微软的云存储产品 One Drive 就搭载了嵌入式 AI 对话系统。它会在用户整理文件时提供智能建议。比如用户创建一个新的文件夹后，AI 对话系统会主动询问需不需要把可能相关的文件移入新文件夹——它能够根据文件内容的上下文，判断哪些文件属于同一类别。

不仅如此，如果用户想要在 One Drive 中分享文件，AI 对话系统会根据文件的内容及用户的历史分享记录，列出用户可能分享的对象清单，实现精准推荐。

在电商导购方面，嵌入式 AI 对话系统可以在特定的购物场景下被触发。例如，在用户浏览商品页面时，AI 对话系统可以主动询问用户是否需要了解更多商品信息或推荐相关商品。同时，嵌入式 AI 对话系统可以根据用户的购物历史与实时需求，为其提供个性化的购买建议。比较常见的就是根据用户身材和喜好推荐合适的尺码与款式。

另外，嵌入式 AI 对话系统更加简洁、易用和直观，降低了用户的使用门槛，能够为用户提供更加流畅和愉悦的购物体验。

就目前来看，大多数电商平台的 AI 对话系统仍处于简单应用阶段，部分在 AI 领域发展充分的平台型企业已经开始探索嵌入式 AI 对话系统，比如淘宝的"淘宝问问"、京东的"京东京言"，以及抖音的 AI 智能购物等。

9.1.3　工具级阶段的AI对话

工具级阶段的 AI 对话系统会是什么模样呢？我们可以根据《AI 对话系统分级定义》（以下简称《分级定义》）展开想象。这份文件是清华大学智能技术与系统实验室副主任黄民烈联合 10 多家科研机构及 20 多位知名学者共同编制的。《分级定义》将 AI 对话系统分成 L0 ～ L5 六个等级，如表 9-1 所示。

表9-1　AI对话系统分级

分级	定　义
L0	完全无法自动对话；在任何场景中都无法与用户进行高质量对话
L1	能在单一场景中进行较高质量对话，但场景多时便无法处理它们之间的上下文关系

分级	定　义
L2	能同时在多个场景中进行较高质量的对话，可以处理好它们的上下文关系并自由切换，但在新场景中无法进行高质量对话
L3	能够在大量不同的场景中进行高质量对话，在新场景中也能进行较高质量的对话
L4	能在新场景中进行高质量对话，而且在多轮交互中具有较高的拟人化程度，在人设、情感、观点等维度保持一致性
L5	具备较高的拟人化程度，能在开放场景交互中主动、持续学习，具备多模态感知和表达能力

根据上述分级和定义，目前全球范围内对话水平最高的 AI 系统已经发展到 L2～L3 级别。如果想让 AI 对话真正成为得力的工具，就需要推动其向 L4、L5 的水平发展。

在工具级 3.0 阶段，AI 对话系统对自然语言处理技术、深度学习技术、强化学习技术及多模态融合技术的应用更加深入。高度的场景适应性和拟人化特点使系统能够广泛应用于各种导购场景，通过用户给出的文字、语音、图片乃至手势，精准理解用户意图，给出最符合用户需求的商品推荐。

而持续学习能力使 AI 对话系统能够根据用户反馈不断优化算法和模型，进而将用户的行为数据与市场趋势、新品信息相结合，预测用户兴趣并推荐用户可能感兴趣的商品。这一功能可能会用到智能购物车管理与结算中——系统会根据用户数据，为他们提供购物车商品搭配建议。可以说，进入工具级阶段，AI 对话系统会随着市场与用户需求的变化而不断进行自主升级。

不仅如此，在工具级阶段，AI 对话系统的技术与平台兼容性也更胜从前。例如，其可以结合图像识别和生成技术，为用户提供虚拟试穿、试用体验。用户可以上传自己的照片或视频，让系统进行分析处理，进而看到不同商品在自己身上的穿戴使用效果。

同时，AI 对话系统还能够与多个电商平台和社交媒体平台进行对接协同。通过共享用户数据和行为信息，系统能够为用户提供更加精准、个性化的服务。这种跨平台协同有助于电商平台拓展新的销售渠道和合作伙伴，提高市场竞争力。

9.2 AI导购有什么作用

尽管 AI 技术仍处于不断演进和完善过程中，但它在电商导购领域的潜力与价值已经显现出来。本节结合阿里集团 1688 事业部对 AI 导购的设想与实践，探讨 AI 技术为电商导购带来的 4 项核心价值。

9.2.1 为用户推荐更合适的产品

AI 导购最直观的价值就是产品推荐，AI 导购的信息整合能力是实现这一价值的关键。它需要整合的信息包括用户信息和测评信息两部分。

一方面，AI 导购需要收集、分析大量的用户购物数据，进而生成较为精准的用户画像。具体来说，这些数据包括用户的购买历史、浏览记录、搜索的关键词及社交媒体活动等，它们通常以日志形式存储在各种渠道。在收集这些信息后，AI 导购运用大数据技术对其进行预处理，包括数据清洗、去重、格式化等，进而通过数据挖掘技术提取其中的高价值信息。例如，通过关联规则挖掘，可以发现用户购买的商品之间的关联性；通过聚类分析，可以将用户划分为不同的群体。

再进一步，AI 导购需要用到协同过滤算法、基于内容的推荐算法、深度学习算法等，以此分析用户的购物偏好。协同过滤算法通过计算用户之间的相似性来推荐商品；基于内容的推荐算法，则侧重于分析商品特征与用户兴趣点的匹配度；深度学习算法是通过训练神经网络模型来预测用户的购物行为。通过大数据分析，AI 导购能生成一份比较精准的用户画像。

另一方面，测评信息同样来自各种平台，比如专业网站/论坛上的测评文章、视频网站上的测评视频及电商平台、社交媒体上的用户评价等，它们可能是文本、图片或视频。这就需要用到自然语言处理技术、多模态融合技术及信息抽取算法，从不同形式的信息中提取出关键的产品性能参数、优缺点等信息。

值得一提的是，为了更准确地了解用户对产品的态度，AI 导购还会对测评信息进行情感分析。通过情感分析算法，AI导购可以判断用户对产品的情感倾向，从而更全面地了解产品的优缺点。

在收集到足够多的测评信息后，AI导购会对这些信息进行综合评估。通过计算产品的平均评分、统计用户评价中的关键词和短语等，最终得出一个相对客观的产品性能和质量评估结果。结合用户的对话意图与用户画像，AI导购会给出最符合用户要求的产品信息。

9.2.2　催生一种AI搜索新模式

假设你想买一件适合参加周末聚会的连衣裙，价格不超过200元。在没有AI导购的情况下，你恐怕很难通过搜索精准地找到理想的商品。

因为传统的搜索系统完全依赖关键词匹配，用户必须在搜索框中输入明确的商品名称或相关关键词，系统才能在商品数据库中进行搜索，并返回匹配到的商品列表。但由于关键词匹配具有局限性，系统可能返回很多与用户需求不相关的商品，需要用户进一步筛选。

AI导购的出现在一定程度上破解了这种搜索困境，下面以阿里集团1688事业部的实践为例，浅析"AI+搜索"背后的技术逻辑。

还是以开头的需求为例，假设用户向AI导购提出"帮我找一些适合参加周末聚会穿的连衣裙，我的预算在200元以下"。在收到搜索指令后，后台的搜索流程如图9-1所示。

在收到指令后，LLM（Large Language Model，大语言模型）会对用户指令进行深入分析，通过CoT（Chain of Thought，思维链）引导，生成潜在搜索引擎比较习惯的商品Query（查询，可引申为关键词），一般电商的搜索引擎对"形容词＋名词"的描述理解得更准确。比如在上述用户指令中，电商搜索引擎可以提取出"休闲连衣裙""时尚连衣裙""碎花连衣裙"等关键词。

在此基础上，考虑到不同搜索引擎支持的参数不同，需要用到RAG（Retrieval Augmented Generation，检索增强生成），让LLM获取更多知识，从需求中提取参数。

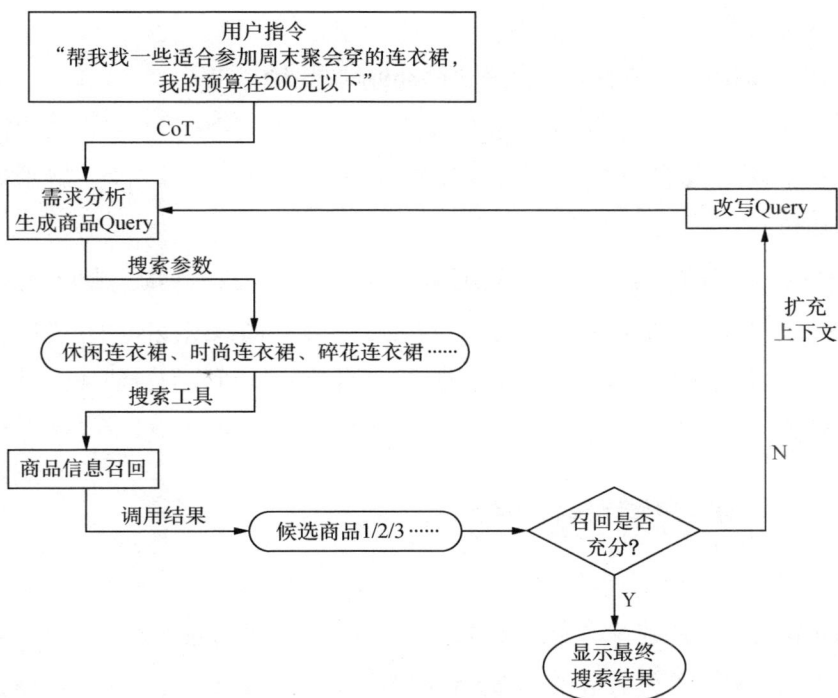

图9-1　后台的搜索流程

提取完参数后，LLM 就可以调用搜索工具，并获取大量的商品数据。针对这些商品数据，LLM 需要进行筛选和排序。这里会再引入 M3E 模型（一种文本嵌入模型）和传统的深度学习模型。前者会对用户需求和商品信息进行向量化处理，做出第一波商品 Query 召回；后者会在此基础上，对召回的 Query 进行相关性评价（打分），剔除无关 Query。比如"婚礼连衣裙"可能会被当成"时尚连衣裙"，出现在第一波召回中。

React 框架也会被用到。考虑到用户需求中可能存在一些长尾 Query 难以召回商品，所以会借助 React 框架改写关键词，再进行二次召回。

最后，通过语义匹配、多模态商品信息分析等技术，LLM 会将收集到的符合用户需求的商品数据整合成统一的文本信息，呈现给用户。

基于这一整套技术逻辑，AI 导购能够更加准确地理解用户的搜索意图，从而返回更加精准的搜索结果。同时，由于收集、分析了大量用户行为数据，形成了用户画像，AI 导购能在用户指令基础上，结合用户购买偏好进行个性化推荐。

淘宝、亚马逊、抖音等电商平台都具备以图搜图功能，而 AI 技术的引入使这一功能的精准度有了显著提升。通过深度学习等算法，AI 能够对图像特征进行更精细的提取和识别，包括颜色、纹理、形状等，从而更准确地理解图像内容。

AI 技术还能够对图像进行预处理和优化，通过去噪、缩放、旋转等操作，使用户上传的图片更加清晰、规范，从而进一步提高以图搜图的精准度。此外，AI 技术还能够对商品库中的图片进行自动标注和分类，使搜索系统能够更快地定位到相关商品。

9.2.3　帮助用户作出最优决策

在阿里集团旗下货源批发采购进货平台 1688 上，用户可以在任意商品详情页面询问采购建议、商品质量评估或商品卖点等问题，系统会根据用户属性总结出最有价值的信息。这就是 AI 导购的第三个重要价值：通过释放关键信息，帮助用户有效缩短决策时间。

在关键信息提取上，除了自然语言理解技术，多模态信息分析技术也非常重要。因为电商领域的商品信息大多以图片形式呈现。但就目前而言，多模态大模型的感知能力（视觉编码）还可以，但推理能力（与 LLM 相连）一般。因此在处理商品信息过程中，需要人工提取商品图中的文字信息，再由纯文本大模型来理解。但随着多模态大模型的进一步发展，未来还是有可能利用其来理解并提取商品信息的。

在提取出商品的主要功能、材质、尺寸、价格及用户评价等关键信息后，AI 导购会将这些信息整理成卡片、列表、折线图等形式，帮助用户快速了解商品的基本情况。

以 1688 为例，点进任意商品的详情页，再点击位于屏幕右下方的"AI帮你挑"，就会弹出 AI 导购界面。该界面预先设定几个关键词，如"看商品评价""商品采购建议""价格走势"等。以"商品采购建议"为例，AI 导购会从商品品质、买家评价、服务保障、市场热度（近 7 天的累计销量）及店铺实力这几个方面分别用一句话总结关键信息，如图 9-2 所示。

"看商品评价"则对用户评价进行智能分析，提取出用户关注的热点问题和主要观点，总结出商品的好评率、平均得分，并对买家的正向反馈与负向反馈进行提炼，如图 9-3 所示。

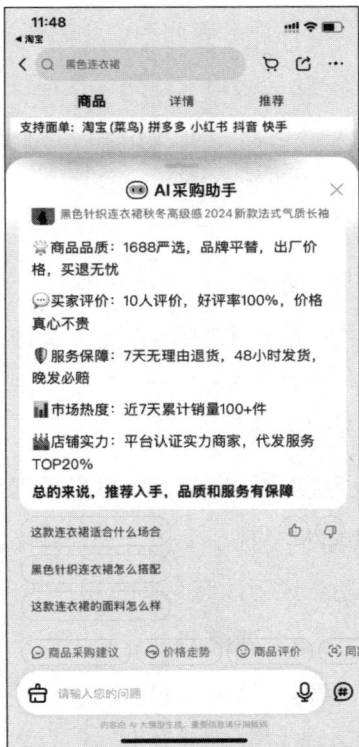

图9-2　某款连衣裙的商品采购建议

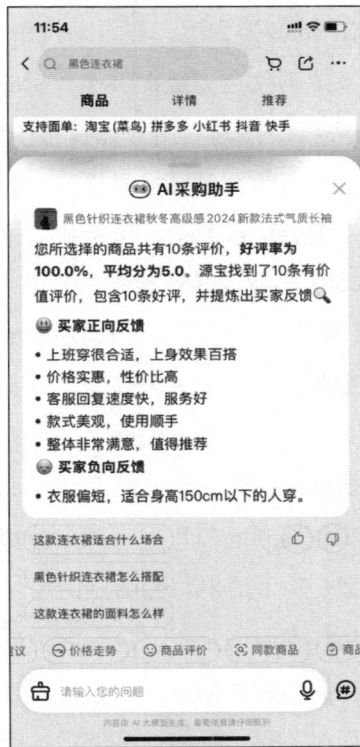

图9-3　某款连衣裙的买家评价

结构化的信息呈现方式不仅增强了商品信息的可读性，还方便用户快速比较不同商品。如果用户在两件相似的衣服之间选择困难，AI 导购可以进行商品对比，并结合性价比因素，告诉用户哪一件更适合他；如果用户想要更多同款推荐，AI 导购会根据上下文识别目标产品，结合用户的具体指令，通过以图搜图方式筛选符合其要求的产品。

通过提取与释放关键信息，AI 导购能帮助用户提高决策效率，获得更为流畅的购物体验。

9.2.4　找到关联产品，实现捆绑销售

AI导购具有较强的连通性与兼容性。这意味着它不会局限于单一商品咨询与推荐，而是充分利用其跨产品关联能力，通过推荐其他关联产品进行捆绑销售。

在1688平台上，假设某位用户想要购买一件适合晚间约会穿的连衣裙，那么系统不仅会为她提供连衣裙的相关信息，还会给出一系列穿搭建议。具体来说，AI导购利用夸克搜索引擎收集相关信息，再通过LLM进行分析，获得最适合约会的穿搭风格。在掌握了大量的专业知识后，AI导购会为用户推荐一整套穿搭方案，包括连衣裙、高跟鞋、耳环等。

1688事业部还在探索一种端到端的AI导购系统，目前已经做出了demo（初步版本），叫作smart shopping。假设用户想要了解早春流行服饰，该系统会先访问相关网站，进行趋势分析，结合收集到的数据生成一份采购建议。

根据采购建议，系统会调用商品搜索功能获取候选商品，然后根据用户需求和收集到的信息进行深度分析，最后为用户呈现一个包含3件商品的采购方案。除了给出每件商品的图片、价格，还会说明该商品适合用户的理由。

从技术层面来看，这一能力的核心在于商品关联模型，它基于用户行为数据和商品属性信息，通过机器学习算法来构建。该模型能够识别哪些商品之间存在关联，哪些商品经常被用户一起购买或搜索。

商品之间的关联来源于多个维度，如功能、用途、品牌、价格等。在构建商品关联模型过程中，系统需要收集用户行为、商品属性、市场趋势等多方面数据，经过预处理后提取出与商品关联性相关的特征，如商品的购买频率、搜索频率、用户评价等。

基于提取的商品特征，系统会利用机器学习算法（主要是协同过滤和关联规则挖掘）来训练商品关联模型，并不断优化。

从应用层面来看，除了为用户提供更加个性化的购物体验，AI生成的产品互搭方案对于提高销售额、优化库存、制订更为精准的营销方案也有

帮助。

提高销售额很好理解。将互补或相关的商品组合在一起销售更能吸引用户的注意，提高销售额。特别是那些需要另外购买配件的产品（如电子产品、家具用品、健身器材、乐器、宠物用品等），直接提供互搭产品，减少了用户搜索和选择的时间成本，能有效提高用户满意度与品牌忠诚度。

在库存管理方面，用户购买互搭产品能够加快相关库存的周转速度，而且 AI 导购能够帮助商家预测哪些商品可能会成为热销商品，哪些商品可能会滞销。基于预测结果，商家可以更加合理地安排库存，降低库存积压的风险。再进一步，AI 导购还可以与供应链管理相结合，为商家及时更新市场需求和库存情况，进而使商家与供应商建立更加紧密的合作关系，提升供应链运作效率。

通过分析用户购买行为和商品之间的关联性，AI 导购可以为商家提供有价值的市场洞察。这些信息可以帮助商家制定更加精准的营销策略，如定向广告、促销活动等，从而提高营销效果，实现更高效的用户转化。

9.3 AI导购实战案例汇总

目前，国内外众多平台型企业纷纷布局 AI 导购，旨在通过智能化手段优化购物流程，提升用户消费体验。本节介绍 3 种已经上线的 AI 导购工具。

9.3.1 能作为助手的ShopWithAI

ShopWithAI 是一位名叫莎拉（Sara）的研究人员带领其团队开发的一个 AI 造型购物助手。该平台利用 AI 技术，学习用户的品位与喜好，再通过自然语言处理技术与用户交流，为他们推荐符合其审美的各种商品。

进入 ShopWithAI 主页，用户可以先选择 AI 助理的风格，如嘻哈风、舞会风、奢华风、OL（Office Lady，白领女性）风等。接下来，用户可以与 AI 助理对话，AI 助理会根据用户需求推荐相关商品，以卡片形式呈现出来。用户可以点击卡片左上方的"爱心"或"踩"的图案，选择保存商品或对推荐表达不满。

目前来看，ShopWithAI仍是一个比较"稚嫩"的平台，互联网上关于它及其创始人的信息都比较少。相较于其他电商平台，ShopWithAI的优势大概在于其友好的交互界面和比较纯粹的购物体验。

平台的页面设计十分简单，分成左右两个部分。右边是一个对话窗口，用来和AI助理对话；左边部分占比较大，用来呈现AI助理推荐的各种产品。对不太了解AI的用户来说，这种设计比较好上手。

创始人莎拉曾表示，她希望这个平台能够帮助用户找到属于自己的风格，并发现和自己风格、价值观相匹配的产品，因此并不会无限制地推荐产品。并且，用户在该平台上不会被付费广告影响，整体的购物体验会更好。

总之，ShopWithAI旨在构建一个基于AI技术，兼具创新性和实用性的购物平台。随着电商市场不断扩大和用户细分需求的增加，ShopWithAI和其他AI购物助手类产品将会在市场上受到更多关注。

9.3.2　背靠阿里巴巴的淘宝问问

淘宝问问是淘宝推出的AI购物助手，其技术底座是通义千问AI大模型。作为在电商领域和AI领域都有深厚原始积累的平台型企业，阿里知道用户进入电商平台是为了满足"逛"和"买"两种需求。开发淘宝问问，更多的是为了解决用户"怎么买"的问题。

用户在淘宝顶部的搜索框输入"淘宝问问"4个字，点击搜索即可跳转到相关界面，如图9-4所示。

淘宝问问的首页总共分成3个部分。

顶部是用户可选择的助手风格，目前一共两种：女性助手"小淘"和男性助手"小天"。

中间有3个对话框，前两个是根据用户最近的搜索记录生成的一段欢迎词，以及5个"猜你想问"，下面则是以弹幕形式"飘"过的其他用户在问的内容。

底部是搜索框，从左到右依次为语音搜索、文字搜索和图片搜索3种形式。在首页的右下角有一个"魔法棒"图标，点进去是两个隐藏功能——"好运打工人"和"问问夸夸机"。前者可以通过分析用户上传的办公桌照片（正面）给出个性化布局建议；后者根据用户上传的送礼对象的照片，分析人物的个人风格，给出送礼建议。

当用户带着某种主题提问时，淘宝问问会先根据用户给出的主题总结出相关事项，然后给出与每个事项相关的产品。例如，用户在搜索框中提问"露营需要买什么"，淘宝问问会呈现如下回答，如图9-5所示。

图9-4 淘宝问问首页

图9-5 淘宝问问回答"露营需要买什么"（局部）

在每个事项中，淘宝问问分别给出6种相关产品，产品卡片上会标出产品的实物图、价格、销量及产品的两个显著优点。如果点击每个卡片右上角的"展开说说"，它会继续细化这一事项，给出与之相关的数十种产品。以"便携式好物"为例，如图9-6所示。

除了担任导购，淘宝问问还有另一个角色——生活助手，这从主界面的"大家都在问什么"就能体现出来。例如，点击"飘"过的问题"君子兰黄叶怎么办"，它会给出一些解决该问题的办法，而非直接推荐产品，如图9-7所示。

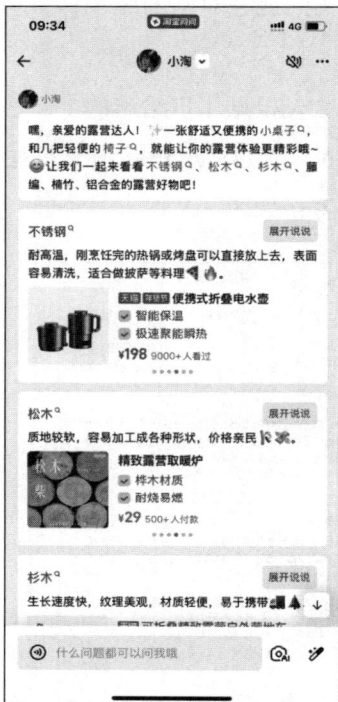

图9-6　淘宝问问对"便携式好物"
进行展开（局部）

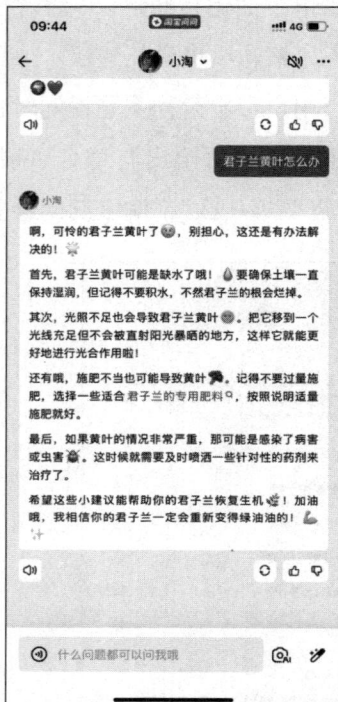

图9-7　淘宝问问对"君子兰黄叶
怎么办"的回复

涉及特定产品，如"君子兰的专用肥料"，它会提供相关链接，用户点击链接屏幕下方就会弹出界面，显示推荐的产品。

同样，如果提出美食方面的问题，如"芋头蒸排骨"怎么做，淘宝问问会先给出料理步骤，然后推荐相关产品。

在内测阶段，淘宝问问还推出了两个功能——"旅行策划人"和"灵魂写手"。根据内测演示，"旅行策划人"能够帮用户制订旅行计划，根据行程推荐景区门票，并给出购买火车票/机票的快捷入口；"灵魂写手"能写出小红书风格的产品推荐文案，并推荐相关产品。但公测之后的应用效果显示，这两种功能回答相关问题时出错频率较高。

总之，淘宝问问是淘宝在原有搜索功能基础上对电商搜索导购的一次创新。在接入通义千问后，淘宝能和用户对话，从传统意义上的"电商"拓展出"导购""科普"等多种角色，创造出更多用户消费体验的场景。从商业化角度看，淘宝问问有可能增加消费者决策旅程中的新触点，构建新的交互场景，在增强用户购买意愿、提高转化率、降低商家运营成本等方面具有巨大潜力。

9.3.3　Shopify旗下的Wiser

Wiser是海外电商平台Shopify搭载的AI商品推荐工具。它能够根据用户的购买历史和浏览行为，在网站、移动端及电子邮件中推送个性化商品信息，进而优化用户的购物体验，提高销售转化率。

具体来说，Wiser会不断收集用户数据，利用机器学习算法分析用户行为，理解用户的浏览与购买模式，以确保提出的产品建议与用户当下的需求密切相关。同时，Wiser提出产品建议的形式很丰富：在产品页面中展示用户最近浏览的商品及相关配件等；在购物车页面提供升级销售、交叉销售建议，提高订单价值；给用户发送电子邮件，邮件里面包含个性化的产品信息。

在商家侧，Wiser搭载了分析仪表盘，为商家提供不同推荐渠道的销售数据，以便商家调整产品营销策略，提升转化率。目前，包括大型电商平台、精品店铺、跨类目零售商在内的多类型商家都能借助Wiser获益。例如，对于跨类目零售商来说，Wiser能分析出用户可能感兴趣但以前没有注意到的产品，并将其推送到用户界面，增加跨类别销售机会。

另外，Wiser还能够应用到多种销售场景中。例如，针对季节性商品的销售，Wiser可以根据时令和用户的购物偏好推荐应季商品；在新品推广期间，Wiser可以将新上架的产品推送给最有可能对它感兴趣的用户群体；如果想要刺激老用户回购，Wiser能够分析用户的购买周期，在合适的时机推荐商品，促进复购。

AI

第 10 章

AI 供应链：加速供应链转型升级

AI凭借强大的数据处理能力、预测分析能力和自主学习能力，重塑供应链的每一个环节。从需求预测到生产调度，从库存管理到物流配送，AI已全方位应用于供应链领域，使供应链变得更加灵活、高效且具有韧性，实现智慧化升级。

10.1 AI赋能生产：稳定供应

制造端连接需求端和供应端，其生产效率、成本控制和质量控制直接影响整个供应链的竞争力。AI和制造端融合，能够实现智能预生产分析、生产系统智能化、生产流程和生产工艺优化，助力电商企业提升生产效率、降低运营成本。

10.1.1 用AI进行预生产分析

电商行业市场需求变化快且波动大，传统依赖人工经验和历史数据的供应链管理方式难以快速准确地捕捉市场波动并预判细微颗粒度的趋势。借助深度学习、时间序列分析等先进技术，AI能够从海量历史销售数据、市场宏观趋势等因素中提取出非线性特征，然后通过机器学习算法不断调整模型参数，以揭示数据背后的潜在规律。这可以助力电商企业更准确地预测未来一段时间的市场需求，为预生产提供科学依据。

AI在智能预生产分析方面的应用，不仅体现在对市场需求的预测上，还贯穿于整个生产计划制订过程中。通过对历史销售数据的分析，AI能够识别出不同产品的销售周期、季节性波动及促销活动对销量的影响。

基于这些信息，AI可以自动生成最优的生产计划，合理规划生产数量、生产时间及生产资源分配。这种智能化的生产计划制订方式提高了生产效率，同时降低了库存积压和缺货的风险。例如，使用时间序列分析往年"双11"期间的商品销售数据，电商企业可以预测当年"双11"活动需要备货的数量，从而制订合理的采购、生产、物流等计划。

在智能预生产分析基础上，电商企业可以进一步实现精细化库存管理和精准营销。具体而言，电商企业能够根据AI给出的预测结果合理规划库存水平和补货策略，以避免因备货过多而占用大量资金、产生过多折旧成本，或者因为缺货而错失销售机会、引起用户不满。同时，基于市场需求预测，电商企业可以制定更具针对性的营销与促销策略，刺激销售，提高库存周转率。

AI 在智能预生产分析方面的应用有助于实现供应链的透明化和高效化。通过与物联网、大数据等技术结合，AI 能够实时监控原材料采购、生产加工、物流配送等供应链的各个环节并进行智能预警和干涉。这种实时监控、敏捷反应的能力使电商企业能够及时发现并解决供应链中的潜在问题，确保生产计划顺利执行。

新麦食品是一家位于上海的食品代工厂，曾为 LV、Gucci、迪奥等奢侈品牌提供月饼代工服务。近年来，新麦食品在供应链管理中引入了 AI 大模型技术，实现了更精准的市场需求预测和生产。

新麦食品利用多年积累的丰富数据资源，如历史销售数据、用户行为数据、原材料成本、消费者反馈等，构建了一个全面的数据分析系统。经过数据清洗、标注和特征提取后，新麦食品训练了一个时间序列预测模型，以准确预测未来的月饼销量。基于预测结果，新麦食品制订了科学合理的生产计划，有效避免了生产过剩或短缺的问题。

此外，新麦食品还利用用户行为和反馈数据训练用户偏好模型，通过电商平台为不同偏好用户推荐相应的月饼产品，提升了销售效率和用户满意度。在生产线上，新麦食品借助由图像识别技术训练而成的质量检测模型自动识别并剔除不合格产品，确保产品质量。

新麦食品还将大模型预测的市场需求信息与供应链上下游企业共享，帮助上游供应商和下游分销商提前备货以应对业务波峰波谷，降低了库存积压或缺货的风险。依托精准的生产计划和敏捷的采购时间协调，新麦食品优化了整个供应链的生产节奏，提高了整个产业链的效率。

根据上述案例可知，AI 在智能预生产分析方面的应用能够帮助电商企业把握市场需求，合理规划生产和采购，提升供应链的整体效率和灵活性，助力电商企业在激烈的市场竞争中赢得先机。

10.1.2 AI让生产系统更"聪明"

AI 应用于生产系统，通过精准的分析预测及高效的自动化控制，有效提升生产效率与产品质量。已有众多企业在主要的生产系统（包括 ERP 系统、MES 系统、SCADA 系统、QMS 系统等）中接入 AI，实现生产智能化升级，提高效能。

1. ERP 系统

ERP（Enterprise Resource Planning，企业资源计划）是一种集成的信息管理系统，可以整合企业的核心业务流程并实现自动化，优化资源配置。在生产制造环节，ERP 系统在生产计划与调度、物料与库存管理、质量管理等方面发挥作用。ERP 系统与 AI 集成后，AI 可以依据 ERP 系统中的生产过程数据和流程状态，进行智能化分析和预测、自动化重复性任务、实施智能预警和即时干预，优化生产流程，减少资源浪费。

例如，国内领先的 ERP 解决方案提供商金蝶引入亚马逊云科技的 AI 服务，构建智能提单系统和智能指标分析系统，提升跨境电商的使用体验及系统效能。

金蝶利用亚马逊云科技的 Agents for Amazon Bedrock（一项全托管功能，旨在帮助开发人员快速构建和配置基于生成式 AI 的应用程序）优化海外客户提单系统，使原 ERP 系统中的 GUI（Graphical User Interface，图形用户界面）表单界面升级至 LUI（Language User Interface，自然语言用户界面）。用户通过自然语言描述需求，生成式 AI 分析理解其意图并提供操作提示，简化了报销、借款等单据提交流程，显著提升了用户使用 ERP 系统的便捷性和效率。

金蝶还利用这项服务构建了面向跨境电商的智能指标分析系统。用户无须在繁杂的 BI 报表中寻找数据，只需与 AI 助理进行自然语言交流即可查询数据指标。AI 助理能根据用户意图自动解析任务，匹配相关指标，提供全天候智能财务分析支持。

通过此次合作，金蝶与亚马逊云科技共同尝试了生成式 AI 在 ERP 系统中的应用创新，提升了用户体验和传统信息系统的智能化水平。更多类似的数智化实践为传统生产系统在 AI 时代焕发新的活力敞开了一扇门。

2. MES 系统

MES（Manufacturing Execution System，制造执行系统）主要应用于生产过程监控和管理。它的主要功能是跟踪和记录原材料转变为成品的全过程，可用于监测生产过程中的各项参数，包括设备状态、生产效率、产品质量等。MES 系统与 AI 集成，可以有效增强生产过程控制和智能干预，实现预测性维护、过程持续改进、智能化能源优化等，确保生产效率和质量，甚至在节能环保方面作出贡献。

3. SCADA 系统

SCADA（Supervisory Control And Data Acquisition，监控和数据采集）也是一种用于生产监测和生产过程控制的数字化系统。与重视系统性管理的 MES 不同，SCADA 系统连接设备层与制造层，通过采集设备数据和监控生产过程，为 MES 系统提供数据参考。

SCADA 系统聚焦设备，收集生产过程中的各种详细数据，如温度、压力等。与 AI 集成后，SCADA 系统可以在更细的颗粒度上对设备实时通信、实时运行日志、异常情况记录等信息进行智能分析和处理，提升运作效率。

4. QMS 系统

QMS（Quality Management System，质量管理系统）的核心目标是通过系统化管理质量相关活动，实现产品或服务的一致性和合规性。其通过文档化的流程、程序和责任，确保企业能够持续满足客户和法规要求。引入 AI 可以大幅提升系统的隐患发现与预防能力，并且 AI 给出的智能建议可以降低持续改进的成本，减少人工干预。

10.1.3 引进智能设备，生产更高效

随着我国制造业的发展，其规模优势和产业链完整度已经冠绝全球。然而，低附加值困境和激烈的市场竞争驱动越来越多的企业开始引入智能设备优化生产流程，进一步提高生产效率。这契合柔性生产的概念，强调生产过

程的高度适应性和灵活性，旨在匹配前端需求的多样化、动态化。

当前已经进入生产流程的智能设备主要有以下几类，如图 10-1 所示。

图10-1　进入生产流程的智能设备

1. 智能机器人

智能机器人具有高度灵活的操作能力、精准的感知与决策能力，以及强大的数据处理与分析能力，已被广泛应用于电子产品装配、食品加工等多个领域。它们可以执行重复性任务，如焊接、喷涂、搬运等，有效降低人工劳动强度，同时避免人为因素导致的误差和事故。

2. 智能传感器与物联网设备

智能传感器与物联网设备可用于实时采集生产过程中的各种数据，如温度、压力、速度、位置等，并通过无线网络传输至中央控制系统。基于这些数据，中央控制系统可以对生产过程进行精确调控，确保生产效率和产品质量。同时，物联网技术的应用还实现了设备之间的互联互通，形成了智能化的生产网络。

3. 自动化生产线

自动化生产线整合了多种自动化设备和智能控制系统，实现了从原材料投入到成品产出的全链条自动化生产。自动化生产线上的数控机床、自动化输送系统等设备协同作业，不仅提高了生产效率，还能保证产品质量的一致性和稳定性。

4. 智能质检设备

智能质检设备结合了计算机视觉、图像处理、AI 等先进技术，实现了产品质量检测自动化。这类设备广泛应用于产品缺陷检测、尺寸测量、零件识别和分拣等领域，显著提高了生产效率和产品质量。

电商订单量波动大且季节性特征明显，要求企业具备高度灵活的生产能力。智能机器人凭借其精准的操作能力和快速的学习适应能力，成为企业提升生产效率的理想选择。

以小米为例，其在北京昌平建设了新一代小米手机智能工厂，每年可生产1000万台小米旗舰手机，小米 MIX Fold 4 和 MIX Flip 折叠屏手机就在这座工厂中生产。该工厂搭载了小米 Hyper IMP（Intelligent Manufacturing Platform，智能制造平台）智能控制系统，大部分生产工序由机器人完成，实现24小时不间断生产，平均每天可生产3万台智能手机。

此外，该智能工厂中的制造设备大部分是小米自主研发的，关键工艺实现了完全自动化。基于此，小米能精准、全面地把控生产流程，提升生产效率和产品质量，满足消费者对高品质产品的需求。

小米还在北京亦庄建设小米汽车超级工厂，工厂内部署了超过700台机器人，用于零部件安装、成品质量检测等。借助机器人，该工厂的整体自动化程度超过91%，关键工艺实现完全自动化。工厂每小时可以生产40辆小米SU7，也就是说，每76秒就有一辆新车生产完成。

小米亦庄汽车工厂有冲压、大压铸、车身、涂装、总装和电池六大车间，9100吨一体化大压铸设备集群2分钟就能生产一个压铸件，显著提升了生产效率和产品质量。小米还在汽车工厂内引入无人驾驶AMR（Autonomous Mobile Robot，自主移动机器人）视觉机器人，它可以根据车间的实际生产情况调整运输路线，有效提高了物料流转速度。

对于电商企业来说，保持稳定、高水平的产品质量是维护品牌声誉的关键。传统依赖人工的质检方式不可避免地存在漏检或误判的问题，潜在风险较大。为了解决这个问题，许多电商企业引入智能质检解决方案。

例如，得物平台开创的"先鉴别，再发货"购物模式就是基于AI查验系统实现的。该系统可以360°全方位扫描商品，并通过高精度图像识别捕捉细微的纹理差异，从而对产品真伪作出专业判断。只需几秒钟，系统就能给出一份详细的真伪鉴别报告，且鉴别结果与人工专家的结论吻合度高达99.9999%。

除了真伪鉴别，智能质检系统还广泛应用于产品外观检查、功能测试等方面。例如，一家专注于电子产品销售的电商公司采用视觉检测系统来检查手机屏幕是否有划痕或其他瑕疵。系统配备高分辨率摄像头和复杂的算法模型，可以在毫秒级时间内完成图像捕捉与分析，确保出厂的所有产品都符合严格的质量标准。AI支持下的高效质检手段提高了客户满意度，助力电商企业增强品牌竞争力。

10.1.4　基于数据实现工艺升级与建模

生产过程中会产生大量数据，如传感器数据、设备状态、故障记录等。利用AI技术深度分析这些琐碎的信息，理解并处理复杂的非线性关系，挖掘其中的潜在规律并建立通用模型，可以帮助企业优化生产工艺。

例如，通过分析传感器数据，AI可以预测设备故障，企业可以进行预防性维护，避免生产线停工；通过深入剖析生产过程监控数据和出产成品的质量数据，AI可以挖掘背后的根因，并在生产过程中实时作出调整，确保产品质量的稳定性。

在AI辅助生产工艺提升方面，海尔卡奥斯工业大模型是一个典型案例，可以帮助制造企业优化注塑生产工艺。

洗衣机生产过程中，注塑是一道重要工序，涉及温度、成型周期、压力、能耗等多个复杂参数。传统的注塑机往往依赖人工经验进行调试，难以达到最优工艺。而海尔卡奥斯通过AI建模，成功打破了这一工艺"黑箱"，将人工经验转化为可以量化、明确的数据和指标，从而推动了注塑工艺标准化和智能化。

在接入物联网、完善数据治理基础上，海尔卡奥斯构建了洗涤产业大模型，在关键业务场景和核心技术领域不断积累算法和机理模型。为了实现数据透明化，提升产业竞争力，海尔卡奥斯还不断探索最优注塑工艺参数和能耗水平。

洗涤产业大模型包括待机/停机决策、模具与设备精准匹配、智能工艺推荐三大核心算法，并对注塑生产中的关键性能指标进行统一界定。通过构建透明化的工厂注塑指标看板，该模型实现了对生产排程、生产工艺、智能决策等的全方位优化。在实际应用中，该模型能够助力工厂在保证产品质量的同时降低生产成本和能源消耗。

此外，该模型还系统化梳理、学习内外部知识和经验，打造了一个10TB的注塑相关知识库。该知识库支持机器人、小程序、App 等多种调用方式，可以在几秒内提供问题的答案，实现了工业知识普及化。

该模型还反向督促工厂提升数据质量，不仅通过分析发现了注塑机能耗数据指标模糊的问题，还解决了 AIoT 平台存在的数据重复和缺失问题。这可以帮助企业积累宝贵的数据资产，为其创新数据应用提供有力支持。

10.2 AI赋能仓储：推动仓储转型

依赖人工操作的传统仓储作业效能低下，成本高昂，已难以满足现代企业对高效化、精准化仓储的需求。集成 AI 和智能设备的现代化仓储为越来越多企业所采纳。有前瞻性的企业将数据智能作为现代化仓储的核心进行设计规划，借助 AI 逐步推进仓储作业全面数字化、自动化和智能化。

10.2.1 仓储管理的数字化转型

仓储是电商供应链中的一个重要环节，其效率直接影响到整个供应链的顺畅运作及企业响应市场需求的速度。在 AI 赋能下，智能仓储管理已成为现实，从货物入库、存储、分拣到出库，每一个环节都实现高度自动化、智能化，大幅提升库存周转率和订单处理时效性。

智能仓储系统在电商领域有着广泛的应用场景，如图 10-2 所示。

1	2	3
自动存储与 分拣	库存监控与 管理	订单处理与 发货

图10-2 智能仓储系统的应用场景

1. 自动存储与分拣

借助 AGV（Automated Guided Vehicle，自动导引车）、堆垛机、穿梭式货架、机械臂等自动化设备，智能仓储系统可以实现货物自动搬运和存储。利用视觉识别、深度学习、机器人等技术，系统能够自动识别货物种类、数量、目的地等，将货物分类，提升分拣效率，降低错误率和时间成本。

2. 库存监控与管理

智能仓储系统通过物联网传感器实时监控库存状况，准确记录商品入库、出库、库存数量、存放位置等信息。这使电商企业对库存情况了如指掌，能依据销售数据预测库存需求，提前补货或调整库存策略，有效降低库存成本，避免缺货或库存积压。

3. 订单处理与发货

射频识别和条形码技术的应用确保每件货物都有独特的标识，在用户下单之后，系统可以自动根据订单信息精准定位商品位置，指挥自动化设备迅速抓取、搬运货物，将原本烦琐复杂、耗时长的分拣流程简化，提升发货效率。

例如，京东研发的天狼智能仓储系统能够帮助电商企业提升仓库存储能力与货物出入库效率，减少仓库占地面积和人力资源消耗。

该系统包含硬件、软件两大部分。在硬件方面，该系统配备穿梭车、提升机和工作站。穿梭车采用超薄车身，负责水平搬运工作，行走速度达到4米/秒。提升机配备 20 米超高立柱，负责垂直搬运工作，升降速度达到5米/秒。工作站具备拣货、盘点、自动供箱等多项功能，供箱效率达到 600箱/小时。

在软件方面，该系统依托京东自主研发的 WMS（Warehouse Management System，仓库管理系统）、WCS（Warehouse Control System，仓库控制系统）及 3D SCADA 系统组成智能调度系统，结合 5G 网络快速下达任务，提升硬件设备的拣货效率和仓库存储密度。

除了京东外，顺丰也有自主研发的智能仓储系统。顺丰智能仓储系统集成机器人技术和物联网设备，实现了从货物入库到出库的全流程自动化处理。AGV、自动分拣机等高科技设备的应用，使货物搬运和存储更加高效，减少了人工干预。此外，RFID标签和传感器被用于货物识别和精准定位，确保每件货物都能被准确追踪。

为了最大化利用仓储空间，顺丰智能仓储系统会根据货物特性、流动情况动态调整仓库布局，合理分配货位，缩短货物搬运距离。系统还支持跨仓库调度，实现资源共享，提高仓储资源整体利用率。

顺丰智能仓储系统致力于简化作业流程，从入库到出库全程自动化处理，显著提高了工作效率。智能调度算法能够依据订单要求快速分拣货物，降低错误率。基于传感器和数据采集设备，系统可以实时采集仓库内各类数据，为电商企业提供决策依据。

智能仓储系统在电商领域得到广泛应用，改变了传统的仓储管理模式，助力企业降本增效，促进了整个电商行业的升级。

10.2.2　精准预测：连接销售端与库存

在竞争激烈的电商市场中，精准的销售预测和灵活的库存管理是企业取得成功的关键。随着零售行业数字化步入"深水区"和AI技术的迅猛发展，越来越多的电商企业开始利用AI相关技术来优化这两方面的工作，从而提升运营效率，降低运营成本，提供更优质的用户服务。

传统销售预测依赖人工经验和直觉，难以应对快速变化的市场环境。借助AI，电商企业可以进行更加精准的销售预测。例如，机器学习算法能够从海量的历史销售记录、季节性波动、促销活动等多维度数据中挖掘出有价值的信息，识别潜在规律，并据此预测未来的销售趋势。基于数据驱动的预测方法能大幅提高预测准确性和可靠性，为后端智能库存准备和调度奠定基础。

在进行销售预测时，将以下常用的方法组合使用可以解决许多复杂问题。

（1）使用时间序列分析历史销售数据，借助AI挖掘销售趋势和周期性波动，从而预测未来的销售情况。

（2）使用关联规则学习算法分析不同商品之间的关联性，从而预测特定商品的销售情况，建立前置指标。

（3）借助情感分析，通过从社交媒体、评论和论坛等获得的文本数据了解消费者对商品的态度和需求变化，进而预测销售趋势。

某知名电商平台利用AI技术对其平台上数百万种商品进行了详细的销售趋势分析。通过对不同时间段内各类商品销量波动特征的学习，AI能够识别出季节、节假日及突发事件等因素对产品销量的影响。在此基础上，平台可以根据最新的市场动态及时更新预测结果，确保每次促销活动前都能准备充足的货源，同时避免不必要的库存积压。据统计，采用AI预测销售情况后，该平台的整体库存周转率提升了约20%，缺货率降低了15%。

此外，利用AI技术整合多渠道数据，即综合考虑线上线下多种销售途径，构建统一的全渠道销售预测框架，是目前一种前沿、有益的探索。对于那些同时经营实体店和网上商城的品牌来说，这意味着它们可以进行更为全面准确的销售预测，进而优化资源配置，提高整体盈利能力。

不同渠道数据口径、含义、质量不同，ANN（Artificial Neural Network，人工神经网络）等AI技术相较于传统统计方法有着独特的优势，如非线性建模能力、自动提取特征、自我学习和优化等。当然，它也存在可解释性差、对数据数量和质量要求高等问题，使用者需要注意并合理应对。

基于AI预测的销售情况，电商企业可以采取更积极的手段灵活管理库存，确保满足客户需求的同时最大限度地降低成本。例如，当某款商品即将售罄时，可通过自动补货系统提升响应速度；当某类产品滞销时，则可以在前端通过调整价格、推出优惠套餐等方式刺激消费。更重要的是，AI具备自我学习能力，在建立"预测—行动—结果—优化"闭环后，随着时间推移不断积累经验，其判断精度和响应速度会逐步提高，助力电商企业实现最优的库存管理。

作为全球电子商务巨头之一，亚马逊利用AI分析历史销售数据、季节性波动、促销活动及其他关键因素，以预测商品的未来需求。预测模型结合了多种数据来源，包括社交媒体话题、天气变化等，从而提高了预测的准确性。

基于AI的预测结果，亚马逊能够更精确地管理库存，防止库存过剩或缺货。这有助于降低仓储成本，确保在需求激增时有足够的库存应对。例如，亚马逊基于实时销售数据动态调整库存，优先向需求高的地区提供商品。这种灵活性使亚马逊能够在竞争激烈的市场中保持优势。

10.2.3　用AI平衡缺货与库存过剩

在快节奏、需求高波动的电商行业中，如何平衡缺货与库存过剩是很多企业面临的一大难题，也是电商企业保持成本竞争力的关键影响因素。缺货会导致销售机会损失和客户满意度下降，而库存过剩会增加仓储成本，导致资金占用。AI 的发展为电商企业解决这些问题提供了新的途径。

基于大数据和机器学习算法，AI 能够提升需求预测的准确性。此外，AI 可以实时监控电商企业的库存水平，包括各商品的库存数量、库存周转率等指标。一旦发现库存量低于安全库存阈值或库存周转率异常，AI 会立即发出缺货预警，提醒企业及时补货。

基于库存预测结果和缺货预警信息，AI 能够自动计算最优补货策略，包括补货数量、补货时间、补货渠道等。这种动态补货策略有效避免了库存积压和缺货，提升了供应链的响应速度和灵活性。

AI 可以自动调度补货流程，包括与供应商的沟通、订单的下达、物流的安排等。通过智能化的调度系统，电商企业可以实现从缺货预警到补货全流程自动化，减少人工干预，提高运营效率。

2024 年，北京京东振世信息技术有限公司（以下简称"京东振世"）的"补货方法和装置"获得国家专利，这标志着京东在供应链智能化方面实现了又一次技术突破。

这项专利主要针对供应链管理中的补货策略，旨在帮助商家通过智能化手段提高补货效率和精准性。该专利集成了实时数据分析、预测模型等 AI 技术，能够辅助电商企业预测"需要在何时以何种方式补货"，助力电商企业提升库存周转率，降低运营成本。

在"双 11"购物节高峰期，京东通过 AI 技术优化补货流程，显著提升了物流效率，确保 93% 以上的商品能够实现 24 小时送达。相关媒体报道，京东的仓储管理系统能够在商品售罄前及时补货，确保用户需求得到及时响应，极大地改善了用户的购物体验。

京东的自动化补货率已达到 70% 以上，大促期间的补货采纳率超过 80%，自动化执行效率维持在 60% 以上。京东与供应商和品牌商家建立了紧密的合作关系，共享销售数据和库存信息，补货渠道包括供应商直供、自营仓储和第三方仓储。

10.2.4　松下：全方位的智能密集库改造

在全球制造业和物流行业加速智能化转型的大背景下，传统仓库面临诸多挑战，逐渐暴露出储位不足、作业效率低下等问题，难以满足新消费环境下的业务需求。为此，松下集团联合 AI 公司旷视科技在上海某工厂实施了智能密集库改造项目，旨在通过引入先进的自动化设备和技术手段，全面提升仓库的运营效率和服务质量。

松下集团作为一家拥有百年历史的世界 500 强企业，其产品广泛覆盖全球各地，每天约有 10 亿用户使用松下的各类电子产品。近年来，位于上海的松下工厂产能持续增长，导致配套仓库出现了储位紧张的问题。与此同时，由于一线城市土地资源稀缺且成本高昂，外租仓库只是解燃眉之急的临时性方案。为了从根本上解决问题，松下决定对现有仓库进行全面的自动化、智能化升级改造。

松下与旷视科技共同制订了详细的改造方案。考虑到该仓库是一个需要保持恒温恒湿环境的 5℃冷藏库，并且高达 9 米，因此选择托盘四向穿梭车（简称"四向车"）作为解决方案。这种类型的车辆可以在狭小空间灵活移动，实现多层货架间的高效存取操作。

在具体实施过程中，松下主导整个项目的规划与执行，旷视则提供包括河图 TES 系统在内的多项技术支持。为确保项目顺利推进，两家公司在细节把控上下足了功夫。例如，面对仓库空间狭小、入口门洞尺寸有限等问题，旷视团队基于多次实地考察提出了无须拆除原有结构的改造方案，既保证了施工的安全性，又最大限度提高了空间利用率。不仅如此，根据不同类型货物的特点，双方还特别设计了差异化的密集库层高，即便是安装排风管道的地方也能充分利用每一寸空间。

经过两个月努力，这个智能密集库终于成功上线并投入使用。相较于之前的叉车型平库，升级后的密集库有以下几个显著变化。

（1）储位数量大幅增加。得益于四向车的应用，仓库内的储位数量增加了 60% 以上，有效解决了储位紧缺的问题，不需要再外租仓库。

（2）全流程自动化控制。从入库到出库的所有环节都实现了无人化操作，降低了错误发生概率，同时也降低了人力成本。

（3）能源消耗减少。由于不再需要频繁开启冷库大门供人员进出，整体能耗有所下降。

（4）安全性增强。当有人进入密集库时，内部所有机械设备会自动停止运行，直到人员离开才会恢复正常工作状态，从而保障工作人员的安全。

（5）节省人力成本。自动对接 MES、ERP 等系统，无须人工二次输入数据，节省了大量人力成本。

松下升级智能化仓储管理为整个行业转型发展提供了宝贵的经验借鉴。此次合作也表明，在快速发展的智能化时代，企业只有不断创新求变，才能适应市场变化，保持竞争力。

10.3 AI赋能运输：迈向智慧物流

我国众多企业都将发展新质生产力提升到战略高度，在物流领域引入 AI 技术提升效能已是必然趋势。AI 物流以其智能、高效、精准的特性，正逐步重塑物流行业面貌，成为推动物流行业转型升级的关键力量。通过应用 AI 技术，物流企业能够实现仓储、运输、配送等环节的智能化管理，优化资源配置，减少成本消耗，提升服务质量和客户满意度。

10.3.1 智能订单管理

在电商领域，订单处理效率直接关系到消费者的购物体验及平台和品牌商家的竞争力。消费者需求日益多样化、个性化，商品种类和销售渠道不断增加，传统订单管理模式逐渐暴露出其局限性。为了应对这些挑战，电商平台大量采用 AI 技术来优化订单管理流程，实现订单自动拆分与合并，以加速发货流程。

订单拆分是指将包含多种商品的大订单拆分成若干小订单。这可以有效提高物流配送的速度和灵活性，尤其是在库存分散、多仓库发货情况下，订单拆分很有必要。在大型促销活动期间，用户可能会一次性购买来自多个供应商的商品，如果所有商品都由同一个仓库发出，则可能导致发货延迟。利用 AI 可以更智能有效地规划哪些商品应该从哪个仓库发货，并自动生成相应的子订单，显著缩短用户等待时间，提高发货效率。

例如，一家主营家居用品的电商收到一个包含床品四件套、灯具、小型摆件的综合订单，AI 分析出床品来自 A 仓库，灯具由合作供应商 B 直发，摆件在本地 C 仓库，因此将综合订单快速拆分为 3 个子订单，同时向各发货点推送发货指令，大幅缩短发货时间。

此外，对于某些特殊商品，如易碎品、生鲜食品等，需要根据其特性单独打包发货，确保商品不被损坏。在部分商品缺货的情况下，订单拆分能够避免订单处理流程停滞不前，将可立即发货的商品尽快送至用户手中，避免用户产生不满情绪。

与订单拆分相对应的是订单合并，即把原本属于不同订单但符合一定条件的商品集中起来一起发货。这样不仅可以降低单次配送的成本，而且能够简化收货流程，提升用户体验。

订单合并主要有以下应用场景，如图 10-3 所示。

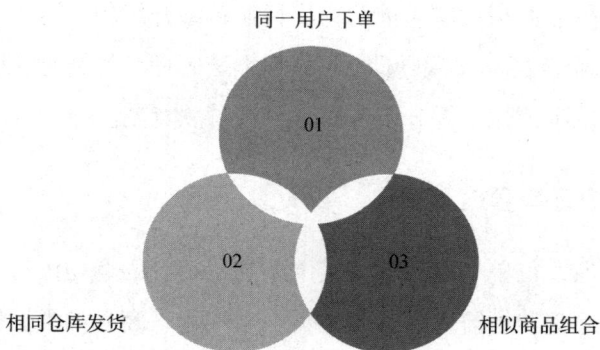

图10-3　订单合并的应用场景

（1）同一用户下单。当同一用户短时间内在同一店铺连续下了几笔订单且收货地址相同时，AI会自动检测并建议将其合并为一笔订单。这不仅减少了快递包裹的数量，也方便用户查询物流状态。

（2）相同仓库发货。如果同一用户多个订单中的商品均出自同一仓库，则可以通过 AI 分析决定是否有必要合并。比如，某仓库库存充足且预计发货量较大，那么适当增加每批次的装箱数量反而有助于加快出库速度。

（3）相似商品组合。考虑到一些商品之间存在关联，AI 可以基于历史数据分析预测哪些商品会被一起购买，并据此提出合理的组合建议，既促进了连带消费，又提高了打包效率。

自动化订单拆分与合并是非常适合 AI 技术落地的场景，能够充分发挥 AI 在海量数据处理、智能决策和实时响应等方面的优势，赋能平台和商家大幅提升发货速度，更好地满足用户对物流时效性的要求，从而获得更大的市场竞争优势。

10.3.2　智能地址管理

在电商领域，地址自动识别和拆分可以提升订单处理效率，有效降低货物送错地址的概率，为用户提供更优质的物流服务。

地址自动识别与拆分是提升物流运输效率的关键环节，离不开先进技术的支持，包括自然语言处理、地理信息系统、机器学习算法和数据处理。

自然语言处理是实现地址自动识别、拆分的关键，能够理解并解析以自由格式输入的地址信息，将其转换成结构化、易于处理的数据。通过词法分析、句法分析和语义分析，自然语言处理技术可以从地址文本中准确提取收件人姓名、联系电话、省市区县、街道等关键元素，并理解它们之间的关联。

除了理解文本内容外，保证所识别地址的真实性同样重要。地理信息系统将地址信息与地图数据进行对比，实现地址的快速、智能定位。通过这种方式，可以确认地址的有效性。

通过学习大量历史地址数据，机器学习算法可以识别出常见地址模式和异常模式，并自动调整识别方法，以提高地址识别、解析的效率。例如，对于重复出现的错误，机器学习算法可以自动学习并进行修正。

高效的地址识别也离不开强大数据处理能力的支撑。AI需要处理历史地址数据、地图数据、用户反馈等大量数据，数据处理技术能够确保AI快速响应，在很短的时间内完成地址识别，即使是在需求高峰，AI也能妥善应对。

以万维易源API市场推出的快递地址解析API为例，其能够精确地从快递运单文本中提取收件人姓名、电话、地址等关键信息。借助自然语言处理技术，它能够辅助地址识别，自动补充和纠正地址信息，甚至能够自动完善街道、行政区的详细地址，使地址信息标准化、结构化。

该API接口加速了企业处理快递运单的流程，提升了工作效率，已被广泛应用于电商、物流等多个领域，助力企业高效、准确地处理海量的地址数据。该API接口的核心功能在于将非结构化的地址文本转化为结构化的数据形式，如图10-4所示。

图10-4 万维易源API快递地址解析示例

万维易源API市场还提供全球快递查询服务，支持对国内外包括顺丰、中通、圆通、宅急送、京东、德邦、EMS等超过1500家快递物流公司的快递信息查询。其物流数据与各快递公司官网数据同步更新，为用户提供详细的物流轨迹和最新的物流状态信息。借助这一功能，用户可以实现从订单创建到货物送达的全过程自动化追踪，极大地提高了物流透明度和服务质量，助力用户满意度提升。

在实际操作中，由于地址信息不完整、格式不统一、手写字体难以辨认，难免会识别错误。针对这些问题，万维易源 API 提供以下解决方案。

（1）智能纠错。利用大数据分析和机器学习算法自动检测并纠正常见的地址输入错误。

（2）智能预测与匹配。对于模糊不清或者信息不全的地址，API 会从已有的数据库中寻找最接近的匹配项，或使用地理信息系统智能推测地理位置，以确保地址信息的完整性和准确性。

（3）用户反馈机制。允许用户手动纠正错误的地址信息，这不仅能尽快解决问题，还为识别模型提供学习样本，助力其提升智能化水平。

以上是自然语言处理、地理信息系统、机器学习算法、数据处理等多项技术在地址识别方面的融合应用，是物流行业智能化转型的一个场景案例。

10.3.3　智能运输管理

运输作为电商物流体系的核心组成部分，其效率直接关系到用户满意度。在 AI 赋能下，许多电商企业打造了智慧物流解决方案，实现了高效、智能的物流运输。

AI 在智能规划运输方案方面的应用场景主要包括以下几个。

（1）运输路径优化。AI 实时分析天气情况、运输路线、交通流量等多种数据，智能规划货物运输最优路径，缩短运输时间，降低运输成本。

（2）智能调度。传统运输调度依赖人工经验，决策过程耗时且易受主观因素干扰。而借助大数据分析和机器学习算法，AI 能够实时监控交通情况、货物位置和车辆状态，从而实现更为科学合理的调度。AI 还能根据实际情况实时调整运输路线，减少延误和空载情况，提升运输效率和效能。

（3）运输需求预测。通过分析历史运输数据、天气数据及市场需求，AI 能够对运输需求进行预测，帮助企业提前规划运输资源，以应对运输需求高峰。

（4）末端配送。AI 驱动的无人车和配送机器人能够有效解决"最后一公里"配送的问题。无人车搭载感知技术和自主导航技术，能够自主规划运输路线，避开障碍物和拥堵路段，适合在建筑物密集的城区进行高频次、小批量配送。配送机器人则适用于校园、社区等小范围、低速的配送场景，能自主规划行进路径、避开障碍。

九识智能是全球领先的城市配送自动驾驶产品研发企业，其自主研发了 L4 级自动驾驶技术，并打造了创新性的城市全场景低速配送解决方案。

九识智能打造了一支无人车车队，包括适用于封闭园区、社区、校园等低速运输场景的九识 Z2，适用于快递物流中转、开放道路运输等场景的九识 Z5，以及适用于叉车装卸、长距离运输等场景的九识 Z8 和 Z10。这些无人车的装载量为 2 ～ 10 立方米，载重量为 300 ～ 1500 千克，可以行驶 110 ～ 210 千米。它们可以实现全场景、全天候、全时段运营，全年无休、风雨无阻地运送货物，确保将货物准时、安全地送达目的地，帮助物流企业降低运营成本。

在 2024 年 "双 11" 购物节期间，九识无人车展现了卓越的性能和服务水平。它服务了 152 个城市，运送超过 1650 万件货物；单车最大运营里程达 2231 千米，单车日均运营里程达 168 千米，单车日均转运货物 84 次。九识无人车形成了一个高效的运力网络，有效地支持快递、快运、生鲜配送等多个领域的顺畅运营。

歪马送酒是美团旗下一个酒水即时零售品牌，其凭借优质、高效的服务，迅速成长为行业佼佼者。随着业务迅猛扩张，歪马送酒所采用的传统运营模式弊端显露，无法有效支撑其持续增长。为此，歪马送酒和物流信息化科技公司唯智信息合作，引入 TMS（Transportation Management System，运输管理系统），实现物流供应链管理的全面数字化升级。

针对人工规划运输路线耗时长、易出错、成本高，运输过程中难以进行实时数据分析，无法实时把控运输过程等问题，唯智信息打造路径优化系统 ROS（Robot Operating System，机器人操作系统），利用 AI 算法助力歪马送酒实现运输路线智能规划，为其进一步扩张业务提供技术支撑。

　　为了帮助歪马送酒解决因缺乏一体化系统而导致的数据分析难题，唯智信息打造了云 OTB 系统（OMS 订单管理系统、TMS 运输管理系统和 BMS 费用管理系统的集成）。

　　云 OTB 系统具有 GPS 定位、实时通信等功能，可以有效解决运输过程无法实时把控的问题。这意味着歪马送酒能够实时监控配送车辆的位置、行驶路径及货物状态，确保整个运输过程的安全性和可控性。一旦出现异常状况，如偏离预定路线或预计送达时间延迟，系统会自动触发警报，并及时通知相关人员采取行动，从而有效防止潜在问题发生，保证货物准时无误地送到客户手中。

AI

第 11 章

AI 客服：探索未来客服无限可能

AI客服是企业数智化转型的重要组成部分。这种模拟人工客服与用户交互的智能化系统在提升服务效率、降低运营成本等方面展现出巨大的潜力，以致不少企业认为它可以完全替代人工客服，事实上并非如此。

基于这一认知，本章从AI客服与人工客服的优劣对比切入，探讨AI客服的实际落地场景。在此基础上，从AI客服的核心价值——解决问题、提供有"温度"的服务出发，探讨AI客服的发展方向。

11.1 AI客服势不可挡

相关数据显示，2023年国内智能客服的市场应用规模占比已超过70%，可见众多企业对AI客服寄予厚望。然而，尽管AI技术不断进步，AI客服仍然难以完全替代经验丰富的人工客服。我们需要对它的发展现状有客观认知，再对其功能进行科学分析与合理展望。

11.1.1 AI客服VS真人客服

AI客服逐渐向各行各业渗透，越来越多人认为AI客服可以取代传统的真人客服。事实真是如此吗？我们有必要对二者的优劣进行对比分析。

AI客服的优势显而易见——随时在线、快速响应、节约成本、稳定中立。

无论是深夜还是节假日，当我们急需解答购物疑问时，AI客服总能第一时间出现在屏幕前，提供365天、24小时不间断的服务。这种全天候响应能力是人工客服所不具备的，它打破了时间和人力的限制，让用户在任何时间都能获得即时帮助。

在B2B营销领域，不少企业尝试引入AI客服。如果销售线索出现在节假日、半夜这些营销人员"离线"的时间，AI客服就能够代替他们与潜在用户沟通，甚至能生成个性化合同，辅助潜在用户填写，其间无须人工干预。通过与用户的自然语言交互，AI客服能够自主获得用户需求，将其引入转化链路，连接企业产品与服务，提升用户转化率。

面对海量的用户咨询，AI客服的处理速度是人工客服难以企及的。对于一些常见性问题，AI客服可以快速提供标准答案，用户不需要排队等待。例如，在金融机构中，对于账户查询、密码重置等高频问题，AI客服能通过预先设定的知识库快速准确地回答。

从运营成本角度来看，企业不需要为AI客服支付工资、培训费，从长远计算，它的运营成本是远低于人工客服的。

另外，相较于人工客服，AI客服能够始终保持稳定、客观且统一的态度，不受愤怒、焦虑、疲劳等负面情绪影响。人工客服的服务效率则会因为工作经验、专业能力、精神状态的不同而参差不齐。人的精力毕竟有限，一旦要处理大量信息，或者面临用户投诉等情况，人工客服很可能因为信息过载或紧张而出错。这对于企业品牌塑造来说是个隐患，AI客服显然可以避免这一问题。

不过，就目前来看，AI客服还没有发展到能完全替代人工客服的地步，一方面它处理复杂问题的能力有限，另一方面它缺乏情感，而这正是人工客服不可替代的价值。

具体来说，目前大多数的AI客服还是基于预设的知识库和算法回答问题，如果用户提出的问题涉及多个因素，或者是一些非常规问题，AI客服就很难给出准确或全面的解答。人工客服则能凭借自身的经验和创造力提供个性化的解决方案。

一位在人力资源领域工作了将近20年的资深猎头曾表示，AI的出现的确让人力资源领域的从业者产生了一定的危机感，但越是在这种趋势下，"人味"才显得越发重要。猎头的能力在于根据每个职场人的真实过往分析他的优势、劣势，结合他的家庭与子女教育规划给出未来职业发展建议。经验丰富的猎头能够看到这些已知信息背后的人生，而这正是AI无法替代的"人味"。

同时，AI客服缺乏情感交流能力，不能很好地理解用户的情绪并提供相应的支持。而经验丰富的人工客服能够理解用户带有强烈情绪的表述，通过他的语气把握他的真实需求。

另外，就目前AI客服的发展情况来看，许多用户对AI客服的使用方法和效果不太了解，也不太信任。大部分时候，用户还是倾向于通过"转人工"

的方式来解决问题。这种不信任感可能源于 AI 客服的自动化和机械化特性，以及用户对 AI 技术的不熟悉。而人工客服通过与用户的直接交流，能够建立更深层次的信任关系，提高用户的满意度和品牌忠诚度。

综上，从企业品牌建设与可持续发展的战略视角出发，AI 客服与人工客服各有利弊。在处理大量常规性问题上，AI 客服的优势非常明显，但在处理复杂问题与情感交流上，AI 客服还需要进一步发展。考虑到用户对 AI 客服的信任尚未完全建立，在实际应用中，多数企业还是在人工客服基础上引入 AI 客服，让二者协同合作以实现最佳的服务效果。

11.1.2　价值盘点：AI客服可以做什么

尽管目前的 AI 客服仍然存在很多问题，但其渗透率进一步提升甚至逐步取代人工客服的确是一个不可逆转的趋势。为了实现这一目标，AI 客服必须不断进化。这背后离不开技术的持续革新与突破，最终使 AI 客服"会听""会看""会写"。

所谓"会听"，指的是 AI 客服要能识别和理解用户发出的语音指令，甚至从中分析出用户的情感，进而准确判断用户的需求。

其中，语音识别是 AI 客服理解用户需求的基础。无论是在嘈杂的外部环境中发出的语音，还是用户带有地方口音的语音，AI 都要能精准识别。而对于有出海诉求的企业而言，AI 要能识别多国语言，为来自不同国家、地区的用户服务。

在将用户语音转换成文本后，AI 还需要精准理解用户意图，通过自然语言处理技术分析文本含义，特别是要能结合上下文识别用户究竟在问什么，提取需求重点。

至于情感分析，AI 需要从用户的语音、文字中判断他们的情感状态，进而调整回复策略，给出更为精准的信息。

来自美国的平台型企业 Cogito 在利用 AI 分析人类情感上有着非常丰富的经验。这家企业源自麻省理工学院的媒体实验室，后来得到 DARPA（Defense Advanced Research Projects Agency，美国国防高级研究计划局）的资助，致力于研发 AI 平台与行为模型，并将其应用于监测人类的心理状态。

这项技术一开始被用于监测退伍军人的 PTSD（Post-Traumatic Stress Disorder，创伤后应激障碍）症状及其他精神疾病。它能够识别语音信号，并从中分析退伍军人的心理健康情况。之后，该项技术逐渐应用到包括医疗健康在内的多个行业，主要是渗透企业的客服中心，为人工客服提供实时指导。

目前，包括美国医疗健康企业 Humana（哈门那）、中美联泰大都会人寿保险有限公司在内的多家企业都部署了 Cogito 的 AI 软件。用户与人工客服的对话会实时传输到 Cogito 系统中，它会在几毫秒内提取超过 200 个声学信号，对用户和人工客服的音量、语速、停顿等进行全面分析。

如果识别到用户产生不良情绪，或人工客服存在问题（比如用户提出问题后，客服停顿时间过长，说明他可能分心了），AI 会通过桌面软件提醒人工客服（比如"太过唠叨"），给出一定的调整建议。

而在自己的"老本行"医疗健康领域，Cogito 也在继续钻研。从 Cogito 旗下分离出的企业 CompanionMx 研发出一款心理健康移动监测系统。该系统为患有抑郁症、双相情感障碍或其他心理疾病的患者提供服务。患者需要下载 App 并定期上传语音日志，反馈他们最近的感受。系统会利用情感 AI 技术分析患者的声音，了解他们的情绪变化，分析治疗效果。

可见，在"会听"方面，AI 客服大有可为。过去，人们对"会听"的理解大多停留在它能够识别并理解语言的基本含义，以及准确执行用户指令层面。随着技术的日新月异，AI 不仅能"听懂"语言的含义，还能捕捉到一些细微的、往往连人类自身都难以察觉的声音变化。这种突破的意义远远超出了提升服务效率的范畴，甚至能在关键时刻挽救生命。

所谓"会看"，其实与"会听"的要求很像。基础要求是意图理解，包括对用户的咨询记录、浏览行为等数据进行深入分析，发现潜在问题，提炼知识（用以丰富数据库），或提供合理建议。进阶要求是情感捕捉，即通过识别图片、视频中用户的表情和动作，分析他们当前的身心状态。

例如，亚马逊在 2024 年推出的新模型 COSMO-LM 能够根据用户的购买历史、浏览记录等数据，分析出深层次的购买意图，并在传统的搜索流程中引入常识，使搜索结果更加符合用户需求。

而与 Cogito "师出同门"（同一实验室孵化）的软件企业 Affectiva 在利用 AI 检测人类的面部表情、肢体动作，进而分析其情绪和认知状态等方面有着更为丰富的研发经验。从技术层面来说，Affectiva 的 AI 先利用各种光学传感器（主要是各种摄像头）识别人脸，然后通过计算机视觉算法识别面部关键特征，再利用深度学习算法进一步分析，并对面部表情进行分类，确定用户的情绪。

Affectiva 还通过计算机视觉算法检测用户周围的其他物体，如手机、汽车座椅，同时跟踪身体关节，确定用户的运动状态。在测试期间，Affectiva 收集了大量的用户数据，包括来自 90 个国家和地区的 1000 多万个面部视频，来自 4000 名用户的超过 1.9 万小时的汽车车内数据等。通过大量的数据"投喂"，Affectiva 能够保证 AI 可以通过不同角度的摄像头，在不同照明条件下识别人脸，而且对人类性别、种族、年龄等方面的识别也更加精准。

在应用方面，Affectiva 主要和广告行业、汽车行业的企业合作。在广告行业，凯度（Kantar）、艾德惠研（Added Value）等公司与 Affectiva 合作，利用 AI 捕捉消费者观看广告时的情绪变化，分析广告中哪些关键元素使用户产生兴趣，并据此优化品牌传播内容和传播形式，以增强用户的购买意愿，提升销售转化率。

在汽车行业，Affectiva 推出了一款汽车 AI 产品。它能够通过车内摄像头实时监测驾驶员、乘客及车辆内部状态，对一切危险驾驶行为（如困倦、分心、生气等）进行预警。

所谓"会写"，就是在"听懂""看懂"用户需求的基础上，AI 客服要能给出清晰、准确且连贯的回应。除了前文提到的淘宝问问，家乐福的 AI 购物助手 Hopla 也具备同样的功能，都可以根据用户输入的指令，以列表、图片、视频或链接等形式展示用户需要的信息。

再进一步，AI 不仅要回复用户的提问，还要根据用户给出的环境、场景信息及对话的上下文含义实现创意性内容生成。例如，花卉订阅公司

BloomsyBox 在母亲节做过一个活动。该公司的 AI 机器人会引导用户完成一个小测验，答对问题的用户可以利用 AI 机器人撰写个性化的祝福语。这一营销策略使用户与品牌的联系大大增强，活动完成率为60%，奖品兑换率达到 78%，38% 的用户通过 AI 生成个性化祝福语。

企业级防欺诈技术供应商 FeatureSpace 推出了全球第一个大型交易模型 TallierLTM。该模型能够对用户的交易行为进行深入分析，总结交易模式，识别并预测用户的交易行为。在通过 API 与金融机构相连后，TallierLTM 能够为机构用户创建独一无二的"行为条形码"，在保护个人隐私的同时记录用户的交易行为，从而及时发现异常交易情况，识别可能存在的诈骗行为。

需要指出的是，目前还没有 AI 客服能够完全通过图灵测试。尽管一些大型语言模型（如 GPT-4）在某些情况下表现出色，但它们仍未达到能够让人类完全无法区分其与人类的标准。未来的 AI 客服能否通过图灵测试，目前仍然存在争议。但随着技术的不断进步，在自然语言处理和机器学习领域，AI 的表现有可能逐步接近人类水平。为实现全方位服务并展现出无可替代的价值，AI 客服需要在"会听""会看""会写"3 个方向继续进化。

11.1.3　"京小智"：功能丰富的AI客服

京小智是京东为入驻其平台的商家用户研发的智能服务平台，既能为 B 端的商家用户提供经营指导、协助 B 端人工客服工作，又能为 C 端用户提供咨询与导购服务。

从系统模块与功能来看，京小智主要由应答、营销两个子系统，商家管理、运营管理两个工具平台，以及商家服务中心与数据计算中心共 6 个模块组成，如图 11-1 所示。我们分别来看它们的具体功能。

应答子系统的功能对应现在大部分的 AI 客服。它由消息接入、对话管理与答案管理 3 个子模块构成。消息接入模块负责对接不同的终端，确保各种接入端的消息协议与系统兼容，方便各类型商家使用。对话管理模块负责调用底层算法，包括文本识别、实体识别、图像识别、情绪识别、相似度计算等，结合用户画像理解用户意图，选择相应的对话策略。答案管理模块则配合对话管理模块，根据对话策略调用业务组件，实现多模态应答。

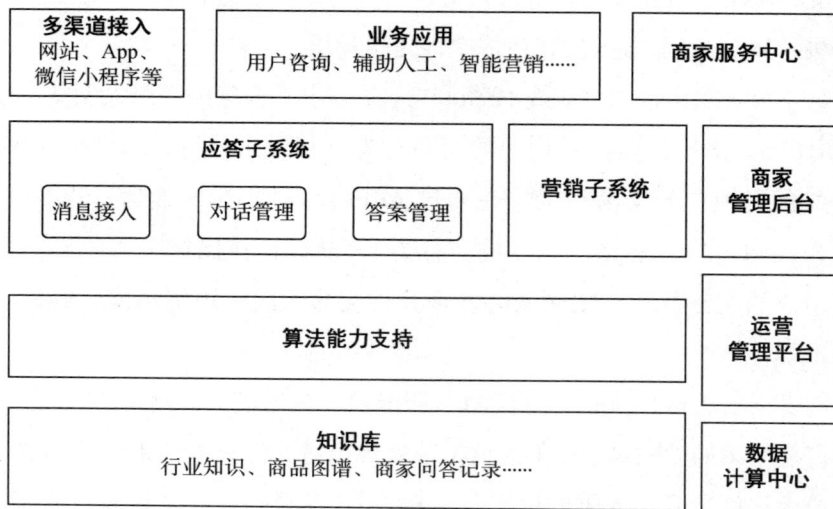

图11-1 京小智整体业务架构

营销子系统负责助力 B 端商家优化营销策略，提升转化率，主要由卖点营销、导购推荐和全链路营销等模块构成。这一子系统的应用需要大量数据资源支撑。例如，卖点营销模块依赖电商知识图谱与 AI 相结合，自动生成商品卖点话术并在 C 端用户咨询相关产品时精准推送。得益于在零售行业的精耕细作，京东具备很强的大数据优势，其积累的电商知识覆盖了 90% 以上的 C 端咨询问题，加之深度学习技术的支持，最终建立了较为完善的知识图谱，实现精准问答。

而全链路营销模块能够分析金牌销售特征，从而预测最佳营销时机，选择最合适的营销策略，实现从优惠推荐、加购催拍、下单催付到搭配套购的全链路营销。

商家管理是为 B 端商家准备的后台，包含接待配置、知识管理、数据分析、诊断优化等业务模块，以及权限管理、多用户管理等常规模块。商家可以在接待配置模块中设置欢迎语、接待时段与接待模式；在知识管理模块设置用户订阅模式、智能应答与场景应答；在数据分析模块监控 AI 应答的效果；在诊断优化模块调整知识库以优化应答效果。

运营管理是为商家管理提供技术支持的平台，主要负责管理商家接入，进行知识训练，配置对话策略，以及任务调度（如知识挖掘）和监控系统整体指标。

商家服务中心则是为商家提供免费培训与咨询服务的平台，包含 ISV（Independent Software Vendors，独立软件开发商）服务市场、学习中心与训练师平台。其中，学习中心会随时发布产品动态与视频教程，定期开展直播或其他线上培训，促进商家交流；训练师平台具有完善的训练师认证体系与商家帮扶计划。京东培养了一批能够配置和优化对话机器人的工程师，为有需要的商家提供专业服务。

数据计算中心用于采集、存储与分析对话日志，为报表分析、语料挖掘等功能提供数据，以此支持上述各业务模块。

不难看出，在 AI 客服领域，京小智的价值不仅是为 C 端用户提供 24 小时在线服务，更重要的是，京小智将很多中小企业难以自主应用的 AI 技术进行标准化封装和输入，使大量中小企业可以无门槛、低门槛享受到 AI 技术红利，解决自身在客服方面的实际问题，提高运营效率。

再进一步，通过构建商家服务中心，京小智能够完善"AI+ 客服"的产业生态，不仅能帮助更多商家适应、掌握 AI 客服的应用方法，还拉动了训练师这一新兴产业发展，激活 ISV 服务产业，促进整个产业生态共同发展。

11.2　盘点AI客服落地场景

从国内外众多企业的实践可以看出，AI 客服的落地场景大致分为 3 种——在线客服、辅助人工和外呼中心。本节结合多个真实的企业案例，对这 3 种场景进行详细拆解。

11.2.1　在线客服

提供 24 小时在线服务是 AI 客服能在一定程度上代替人工客服的第一大优势。特别是在跨境电商企业利用海外社交媒体提供客户服务的场景中，如何在 24 小时内持续运营多个社交媒体平台，以提高互动与接单效率？ AI 客服给出了答案。

由于用户分布在不同的国家和地区，时区差异导致海外社交媒体端的企业服务人员很难实现 24 小时在线，许多关键的销售线索因此流失。而即使是在线时间，客服 / 销售人员经常要同时运营多个平台，如 Meta、X、Instagram 等，频繁切换平台既耗费时间，也不利于整合资源。

依托 AI 客服的解决方案可以很大程度上解决这些问题。在深夜、休息日这些营销人员离线的时间，AI 客服可以无缝接管工作。如果用户在这些时间段内点击社交媒体广告进入企业界面，AI 客服会迅速响应用户咨询，帮助他们快速了解产品与企业信息。如果用户在社交媒体的评论区或私信区提出问题，AI 客服也能迅速筛选出高意向用户信息并优先处理，避免回复不及时导致商机流失。

另外，在限时促销活动中，咨询的用户通常较多，AI 客服能在一定程度上解决用户排队的问题。当出现大量并发式请求时，AI 客服会采用分布式系统架构、消息队列与异步处理、并发控制算法及微服务框架等技术来提高系统的可扩展性，增强并发处理能力，为用户提供及时准确的服务。

例如，通过分布式系统架构，AI 客服可以将大量的用户指令分配到多个服务器上，避免单点过载，从而让系统能并行处理多个请求。而异步通信技术会将用户请求放入消息队列（由 Kafka、RabbitMQ 等消息传输软件提供），由后台服务器异步处理。这样即使在高并发场景中，系统也不会因为请求过多而崩溃，用户能获得更加流畅的咨询与购物体验。

如果用户咨询的问题比较复杂，或者问题描述得比较模糊，AI 客服会运用智能引导技术，通过一系列预设的问题或选项，逐步帮助用户明确问题所在，或者为用户转人工客服，避免商机流失。

而面对多个社交媒体平台，AI 客服可以将各平台上的用户消息整合到一个管理界面，并对社媒数据进行实时分析，帮助销售人员了解用户行为趋势，优化营销策略。除了实时智能回复用户消息，AI 客服还能结合营销需求在线自动分发定制化内容，如产品优惠券、促销活动等，提升用户参与度。

　　在与用户沟通的过程中，AI 客服会不断学习。联网状态下，通过大数据处理技术和机器学习算法，AI 客服会不断从用户的反馈与互动中学习，进而调整算法和知识库，在下一次问答中实现更精准的回复。

　　在在线服务场景中，AI 客服凭借其 24 小时即时响应能力，实现了用户服务效率的根本性飞跃。这一进步不仅体现在时间上的即时性，还在于它能够跨越多个渠道与平台，实现无缝整合，为用户带来全方位、不间断的服务体验。更重要的是，AI 客服通过其内置的持续性自我学习机制，持续优化服务策略，精准捕捉并满足用户的多样化需求，推动用户服务的整体水平迈上新台阶。

11.2.2　辅助人工

　　其实从前文不难看出，AI 客服目前是对人工客服的补充和加强，如人工客服不在线时 AI 客服接替其工作。虽然 AI 客服完全替代人工客服还有很长一段路要走，但既然是大势所趋，那么在下文探讨 AI 客服辅助人工客服时，我们就要尽可能地扩大场景范围，基于现状进行合理的猜想。

　　从狭义层面理解，AI 客服的辅助作用多体现在对一些常规性、重复性任务的自动化处理上，以此减轻人工客服的工作负担，使他们能够将更多的时间和精力用于处理复杂的用户问题或进行战略规划。但从广义层面理解，AI 客服的辅助意义在于帮助人工客服作出更加精准的业务决策，进而提升整个团队、企业的效率，从根本上提升用户对企业的满意度。

　　基于这一思考，我们从运营管理、用户沟通和服务检测这 3 个方面出发，探究 AI 客服能给客服人员带来哪些帮助。

　　在客服部门内部运营与管理上，AI 系统的作用体现在以下两个场景中。

　　（1）人员排班。特别是在用户需求高峰时段，如果客服部门没有做好人员排班，那么服务质量必然受到影响（如用户排队）。而 AI 系统可以根据过往的呼叫数据，分析服务需求的周期性变化，以及影响变化的各种因素（如节假日、营销活动、季节变化等），进而预测哪些时段可能是需求峰值，为人员安排、工时安排等排班工作提供科学依据，提高客服人员的利用率。

（2）人员培训。AI 系统能够为不同客服人员设置个性化学习路径，帮助他们丰富并巩固业务知识。AI 系统还能与 VR、AR 等技术相结合，搭建模拟对话平台，让员工在上岗前先进行模拟练习，进一步提高沟通水平。

在客服人员与用户的互动中，除了自动回复、全天在线，AI 客服与人工客服的精准配合也有着非常重要的价值。

例如，某国际金融服务机构的 AI 客服能够根据用户的账户类型、服务记录及目前的问题，将用户请求分配给最擅长或比较擅长处理这类问题的客服团队。同时，在客服人员工作过程中，AI 客服会实时监控各团队、人员的工作负荷，动态调整任务分配，确保每位客服人员工作量适中，整体运营效率保持稳定。

在客服人员与用户沟通过程中，AI 客服可以从旁协助，比较典型的就是语音转写和知识推荐两个场景。

其中，语音转写利用的是 ASR（Automatic Speech Recognition，自动语音识别）技术与自然语言处理技术。AI 将通话内容迅速、准确地转换成文字记录，还能识别内容中的关键词、短语，从中判断用户意图。这些内容不仅能够在当时帮助客服人员更精准地回答用户问题，过后也可以为企业检测服务质量、制作培训材料或分析用户趋势提供支持。目前，ASR 技术仍处于不断精进中，广东某运营商研发了适应方言环境的 ASR 纠错技术，从而将粤语转写的准确率提高到 83.7%。

知识推荐指的是根据用户的具体问题，AI 会从现有知识库中自行提取关键信息，并推送给人工客服。客服人员不需要手动查询，能够更快速地回复用户，提升工作效率与用户满意度。同时，利用机器学习算法，AI 客服会从历史交互数据中不断学习，优化知识推荐结果。例如，IBM 的 AI 产品Watson Assistant 不仅可以理解用户的询问意图，还能根据上下文进行个性化推送，使客服人员更加精准地把握用户偏好。

安联集团下属公司 Allianz-SP Slovakia 将 AI 技术用在保险索赔调查中，在服务用户的同时维护企业利益。其运用 Nemesysco（一家位于以色列的提供语音分析技术及相关解决方案的企业）的语音压力分析技术处理保险索赔问题。

具体来说，用户提出索赔，保险人员会针对索赔处理程序提出一系列问题，AI 客服会对用户给出的语音回复进行实时分析，捕捉用户话语中的异常现象，从而判断他提供的信息是否真实。AI 客服的引入能够在一定程度上帮助 Allianz-SP Slovakia 规避疑似欺诈的夸大索赔风险，节省处理索赔问题的各项成本。

如果从更广泛的辅助人工的维度来看，AI 客服不仅能为客服人员提供支持，它实际上可以成为一座桥梁，在与用户交互的每一个环节中为企业内部其他部门（如研发部门）带来间接助益。

在汽车行业，除了上文提到的 Affectiva，软件企业 Nuance 也尝试将情绪 AI 引入自家的汽车会话系统中。搭载了情绪 AI 的汽车会话系统不仅可以通过车内摄像头、麦克风检测驾驶员的面部表情、语言表达，进而利用深度学习算法等识别困倦、愤怒等状态，提醒驾驶员休息，还能将这些数据反馈给汽车制造商，帮助它们优化驾驶员监控系统，增强产品安全性。

在服务检测方面，AI 客服能够对客服人员的工作水平及整个客服业务流程进行全面分析，为企业进行相应的培训、改革提供数据支持。

关于对客服人员工作水平的检查，我们在上文中也提到了 Cogito 的 AI 软件。除了通过音频分析客服人员的情绪状态，AI 客服还能通过视频分析技术识别、分析客服人员的表情与动作，评估其服务态度。

对整个客服流程的分析需要用到多种复杂的预测模型，如随机森林、GBM（Grandient Boosting Machine，梯度提升机）等。例如，通过 GBM 模型分析客服中断的工单数据，识别可能导致服务中断的因素（软件、硬件或者客服操作失误等），并对每个因素进行责任权重分配，进而帮助企业快速定位问题根源，有针对性地改进客服流程，减少用户投诉。

综上，AI 客服在辅助人工的多种场景下展现出巨大价值，它能够贯穿客户服务全流程，为提升客服人员专业水平、优化客服流程、塑造企业品牌提供帮助。

11.2.3　外呼中心

外呼中心是企业挖掘潜在用户、促进销售增长的关键力量。随着 AI 技术的迅猛发展，很多企业开始意识到 AI 在外呼领域的巨大潜力，纷纷着手引入 AI 技术，改造、升级原有体系，甚至从零开始搭建以 AI 为核心的外呼系统，以期用更加精准、高效的方式探索市场，把握市场趋势。

在本小节中，我们就对外呼中心的工作全流程进行梳理，针对目标用户获取、外呼任务分配、外呼任务执行和人工辅助 4 个关键节点，探讨 AI 技术在各个环节能够提供怎样的帮助。

目标用户是外呼中心开展工作的基石。在目标用户获取上，AI 可以对海量的用户意向进行筛选，特别是根据行业或业务需求多维度定制意向指标，提高目标用户的筛选效率与精准度。例如，在保险行业，AI 会从用户年龄、健康状况、收入水平等维度制定意向指标；而在金融行业，用户的信用记录、投资偏好等是 AI 重点关注的指标。

除了行业适配，根据企业具体的业务需求和期待调整指标也十分重要。如果企业关注用户满意度的提升，那么指标就更多地来自用户反馈与投诉；如果企业希望提高销售额，那么 AI 会重点关注用户的购买历史、浏览记录等。

基于多维度指标，AI 结合各种来源（如网站浏览记录、社交媒体评价、官网交易记录等）的用户信息，确定适合外呼的用户群体。

确定外呼目标后，外呼中心会通过运营平台分配任务。这涉及根据时间、用户价值、用户类别等进行任务分类，为不同类型用户设定相应的外呼策略。在这一环节，启动 AI 客服代替人工客服进行批量外呼工作，相关人员需要进行任务的预设置。

以沃丰科技研发的 AI 外呼语音机器人为例，如果采用 AI 外呼，需要预先进行以下任务配置：

（1）优先级：以整数数字表示，1 为最高优先级。

（2）启动方式：手动启动 / 定时启动。

（3）工作时间：AI 机器人外呼的工作时间，可一键导入节假日。

（4）重呼策略：对于未接通号码，可自定义重呼次数。

（5）用户多号码：如果一个用户存在多个号码，可依次设置，AI 会在第一个号码未接通后拨打第二个号码。

（6）通知员工：外呼任务结束后，AI 会通知管理员。

（7）用户意向确认：如果 AI 对话触发了之前设置的节点，AI 会在数据库中自动更新用户意向与用户标签。

（8）数据转换：AI 客服将有意向用户的数据直接导入 CRM（Customer Relationship Management，用户关系管理）系统。

在设定好相关任务后，AI 客服就会自动执行外呼任务，在用户接通电话后播放预先设定的语音内容，如产品介绍、市场推广或服务提醒等。AI 客服与用户沟通会用到 ASR 和自然语言处理两种技术。特别是在用户对推广信息表现出兴趣后，AI 客服要能捕捉用户的兴趣点，有针对性地进行详细介绍。

如果用户对企业产品表现出明确的购买意愿，或想再进一步了解，AI 客服会调用 RPA 技术，引导用户进行数据录入、表单填写等操作。在信用卡推广场景中，如果用户有兴趣办理信用卡，AI 客服甚至可以自动填写申请表单，用户不需要手动操作。

面对复杂的交互场景，如信用卡推广中用户询问自己的条件符不符合申请特定信用卡、如何提升信用评分等，当 AI 客服很难独自处理时，便会将相关数据发送给人工客服。客服人员可以看到 AI 记录的通话内容及之前的处理步骤，进而无缝衔接，为用户继续处理相关问题。

客观来说，AI 外呼中心使用不当很容易给用户带来困扰。企业应采取一系列措施来平衡营销需求与用户权益。例如，制定严格的外呼策略，包括设置合理的拨打时间和频率限制，避免在用户不便接听的时段外呼；加强用户反馈机制，鼓励用户对接到的外呼进行反馈，并根据反馈结果不断优化外呼策略等。

缺乏用户保护机制、滥用 AI 外呼中心的案例屡见不鲜，以致催生出利用

AI 技术识别和拦截潜在骚扰电话的应用场景，甚至发展成为一个产业，迫使用户不得不"用魔法打败魔法"。因此，在引入 AI 技术，改进、重塑外呼体系的同时，企业要注意建立相应的机制，在提高营销效率的同时尽可能避免给用户带来困扰，维护用户对企业的好感度。

11.3 AI客服要以人为本

从客服业务的核心价值出发，提供服务的过程应当是企业展现自身对用户需求的深刻理解、对用户情感的细腻关怀的过程，并以此实现用户体验提升。在 AI 客服日益普及的今天，如何结合 AI 技术与人类智慧，塑造出以人为本的 AI 客服，是相关从业者肩负的重要使命。

11.3.1 消费体验是永恒主题

以阿里、京东、拼多多等电商平台为代表，电商行业的竞争日益激烈，想要从中脱颖而出，给用户提供良好的消费体验是关键。各大电商平台深知，只有不断优化购物流程、提升服务质量，才能在用户心中树立良好的品牌形象。先要赢得心智份额，才能赢得市场份额。

就目前来看，电商对于消费体验的看重不仅体现在商品质量、价格优势上，还在于如何通过技术创新为用户提供更加便捷与个性化的服务——这正是 AI 客服的发展方向。在以人为本的理念下，AI 客服要如何进一步提升用户的消费体验呢？我们从用户售前、售中与售后需求的角度切入进行探讨。

简单来说，用户对商品质量的要求更加严格，他们期望购买的商品与描述相符，并且能满足自身的实际需求。在购物过程中，用户希望购物流程简洁明了，没有烦琐冗余的操作步骤，并且希望商家提供完善的售后保障，包括但不限于客观公平的退换货政策、不推诿的售后咨询等。

就目前 AI 客服的表现来看，部分 AI 客服已经能够利用大数据技术与机器学习算法，根据用户的购物历史推送更为精准的商品信息。而与 VR、AR 等技术相结合，AI 客服可以为用户提供虚拟试穿、试用服务，降低用户的试错成本。再进一步，AI 客服能根据用户的需求和场景生成定制化的服务方案。例如，旅行指南平台 Tripadvisor 将自己的数据与 OpenAI 的 AI 技术集成，推出 AI 驱动的旅行规划工具。

目前，该项目还处于测试阶段，能实现的功能主要是提取关键信息。部分用户在搜索心仪的酒店、景点时，可以参考 AI 从过往旅客的评论中提炼的"受欢迎的点"。Tripadvisor 的设想是在不久的将来，AI 可以根据用户选定的酒店向其推送周边正在举办的活动；根据不同景点距离酒店的路程规划（一天之内的）游览顺序，帮用户减少在路上奔波的时间；根据用户保存、收藏的信息为其推送个性化的美食、美景信息。

在用户购买过程中，AI 客服要能与电商平台的其他系统无缝衔接，如支付系统、物流系统等，特别是与支付系统的联动。电商时代，用户对交易安全的担忧更胜从前，所以 AI 客服需要考虑如何在实现支付自动化的同时规避支付风险。

实现支付自动化主要依托"智能钱包"系统，这也是未来支付的趋势之一。AI 算法可以对用户支付路径、支付行为及支付环境进行深度学习，进而帮助用户选择支付方式，推荐优惠券、消费折扣等，提高支付效率。

而在规避支付风险上，支付宝、微信都已引入人脸识别、语音识别等验证方式，以提升交易安全性。同时，AI 与大数据结合，能够监控支付系统中出现的异常交易行为，及时向有关部门发出警报，以预防盗刷、诈骗等安全问题。

在跨境电商交易中，AI 客服与支付平台的联动也非常关键。在 AI 支持下，支付平台能够进行实时汇率预测与智能资金调度。AI 还能够通过算法优化降低跨境支付手续费，智能转换币种，提高支付透明度与支付效率。

在售后方面，一方面，用户希望自己无论从何种渠道（官网、App、社交媒体等）购买商品，都能随时联系到商家，即要求服务的可及性；另一方面，希望商家能给自己一个满意的售后方案，无论是退货、换货还是维修，这考验的是商家解决实际问题的能力。

那么对 AI 客服来说，一方面，要进一步强化自身的渠道整合能力，将用户在不同渠道的交互历史、购买记录、偏好设置等数据集成到数据库中，根据用户需求和渠道特点智能调整服务流程，确保与用户对话的连续性；另一方面，要强化售后策略管理能力。如果用户想要退换货，AI客服要能根据平台或者品牌政策提供智能化解决方案，减少用户的等待时间，降低操作难度。如果用户想要预约服务（如维修、安装等），AI客服要做好相关服务的跟踪工作，通过定时提醒、进度更新等形式，与相关工作人员协同配合，确保用户获得全流程的及时支持。

想要在售前、售中、售后各环节实现AI驱动的用户消费体验升级，核心在于充分利用活数据，基于真实场景持续训练AI大模型。构建丰富的案例库和知识图谱是AI客服快速定位常见问题、提供最佳解决方案的基础。这需要电商平台或企业投入人力（如AI客服训练师）、时间和资源，才有可能训练AI客服处理复杂、低频的问题。更不用说这背后的AI模型打磨和持续升级，这也需要沉淀和持续投入。

11.3.2 AI客服不能隔绝服务"温度"

在AI客服大范围应用热潮中，部分企业似乎走向了另一个极端——过度依赖AI客服，甚至完全摒弃了人工客服。这种做法虽然在短期内降低了运营成本，提高了用户问题处理效率，但从长远来看，这无疑是在用户与企业之间竖起了一道冰冷的屏障。

目前的AI客服在解决用户提出的复杂或个性化问题方面还不够完善，而当用户想要转人工客服时，却发现根本无处可寻。这种"冷冰冰"的体验极大地损害了用户的信任与忠诚度，原本作为企业与用户之间沟通桥梁的AI客服，反而成为隔绝双方交流的障碍。

如何避免AI客服隔绝服务"温度"？关键还是要做好AI客服与人工客服的无缝衔接。从用户视角出发，无论是打电话还是文字沟通，用户应能看到或使用简洁明了的转接指令。比如聊天界面上就有"转人工"选项，或者语音说出"转人工"就能跳转到人工客服界面，给用户自主选择的权力。

再进一步，想要为用户带来最佳体验，AI客服要能做到：不等用户说出"转人工"，主动提出为用户转接人工客服，解答相关问题。这就对AI客服识别问题复杂度与用户情绪的能力提出了更高要求。

在识别问题的复杂度上，企业需要预先设置好问题类型与复杂度阈值，当问题达到相应的复杂度时，AI客服就自动触发转人工机制。

以金融咨询为例，用户问题由简单到复杂大致可分为以下几类。

（1）基础信息查询：查询账户余额、交易记录等。

（2）服务流程咨询：咨询如何开户、转账等。

（3）产品特性了解：了解理财产品、保险产品及其收益、条款。

（4）税务与法规咨询：咨询问题会涉及复杂的税务政策、金融法规等。

（5）投资策略建议：需要根据用户个人财务状况与市场总体态势，给出资产配置建议甚至一整套方案。

针对每一类问题，企业可以设计一套评估其复杂度的指标，比如可以从以下几个维度进行设计。

（1）信息密度：问题中包含的专业术语、数据点的数量。

（2）情境依赖性：问题是否高度依赖用户的个人情况（如个人财务状况、地理位置等）。

（3）法规与政策涉及程度：问题是否涉及最新的或复杂的金融法规、税务政策。

（4）决策影响度：问题解答的正确性对用户决策的重要性程度。

（5）历史处理记录：类似问题在过往处理记录中的转接率、解决时长等。

基于问题分类和评估指标，企业再为每一类问题设定一个或多个复杂度阈值。阈值可以是数值化的（如信息密度超过一定数值），也可以是定性的（如问题涉及高度专业的税务计算）。当问题被识别并评估后，如果它的复杂度超过预设的阈值，则触发转人工机制。

以云蝠智能的AI外呼为例，平台设置的转人工入口有两种：一种是在AI外呼的话术中设置关键词或指定流程来转接，或者设置"兜底"——如果AI提问后没有收到用户回复，则直接转接人工；另一种是在通话过程中设置触发条件。比如用户的实时累计评分（超过50分转接人工）、最大通话时长（超过300秒转接人工）、累计未识别（用户累计5次没有识别到AI提问）、问题数量（用户累计询问 5 次全局问题）、重复问题（用户累计重复提问 5 次）、累计未回复（用户累计 5 次没有回复 AI 提问）等。当触发转接条件后，AI 会播报转接提示音（企业可以自定义提示音），之后立即执行转接。

对于用户情绪的识别，在上文中也有提到。AI 客服可以通过对用户的语气、用词等的识别，分析用户情绪。一旦发现用户负面情绪比较强烈，则立刻转接人工，避免用户对企业产生不良印象。

还需要注意的是，企业要重视对人工客服的培训，关键是要让人工客服熟悉如何操作引入 AI 后的系统。企业要帮助员工详细了解 AI 客服转接人工客服的具体步骤，包括如何接收 AI 客服转过来的用户信息和历史对话记录，以及如何快速响应；训练员工掌握基本的故障排查和应急处理方法，一旦系统出现问题，人工客服要尽快采取应对策略。除了操作方面的培训，企业还要重视人工客服的思维引导，特别是强调数据保护的重要性，确保人工客服知晓如何安全地处理用户信息并遵守数据隐私政策。

11.3.3　终极目标：AI 客服提供情绪价值

斯派克·琼斯导演的科幻爱情电影《她》讲述了信件撰写人西奥多与 AI 系统 OS1 之间的奇异爱情。这款 AI 产品能通过与人类的对话，不断丰富自身的感情与意识。在与西奥多交流的过程中，OS1 化身一位名叫萨曼莎的女性，她幽默风趣、善解人意，让西奥多为之着迷。

《她》不是第一部探讨 AI 情绪价值的电影。早在 21 世纪初，史蒂文·斯皮尔伯格执导的《人工智能》就刻画了"第一个懂得爱的机器人小孩"大卫。电影是现实的一面镜子，它能反映出人们对周遭问题的深刻反思，也引领人们感受未知的领域。

时间来到 20 年后，AI 确实得到了迅猛发展，人们对于 AI 的期待也不再仅仅是寻求问题的答案，而是扩展到通过 AI 获得情绪价值。从 AI 研发团队、电商企业的角度出发，如何让 AI 客服提供情绪价值，就成为这一技术应用的终极目标。

情绪价值的发展方向有 3 个——疗愈价值、陪伴价值及优越价值。疗愈价值帮助用户释放压力，确保心理平衡；陪伴价值让用户感受到自己被注意、被关心，有"人"能和他们一同分享喜怒哀乐；优越价值让用户觉得自己与众不同，比如有某些方面的优势、不同寻常的品位等。

提供情绪价值需要从视觉、行为和反思 3 个层面入手。视觉与行为层面不难理解，从反思层面提供情绪价值，指的是让用户对企业品牌产生认同感、归属感。这需要 AI 深入理解用户的信念与价值观，从而定制化地传递产品/服务的价值，让用户感受到自己被理解，甚至是获得了特殊对待。

具体到 AI 客服上，我们根据情绪价值的 3 个发展方向分别探讨。

在提供疗愈价值上，AI 客服可以从视觉层面入手，通过个性化的界面设计与互动性强的视觉元素来提升用户的舒适度和愉悦感。例如，当用户表现出疲惫或焦虑时，客服界面可以切换为柔和的色彩，或播放舒缓的背景音乐，与用户的交流也有意增加动态的表情符号等。

在提供陪伴价值上，AI 客服的情绪价值主要体现在行为层面，也就是为用户推送满足其需求的信息。例如，奔驰尝试将 AI 技术引入其新型车载助手。AI 助手会自动分析驾驶员的行为，根据他的日常习惯推荐路线，为驾驶员播报他感兴趣的娱乐内容。汽车交易平台 CarGurus 引入了 ChatGPT 插件，实现对话式搜索。平台会根据用户的搜索数据推测出用户需求和偏好，为其提供量身定制的选车建议。

在提供优越价值上，AI 客服可以从行为与反思两个层面入手。从行为层面出发，AI 客服要能够为用户带来基于深层次需求的定制化解决方案。例如，对于热衷环保的用户，AI 客服在推荐新品时可以特别强调产品的绿色、环保属性。另外，在交互过程中，AI 客服应赋予用户一定的控制权，如由用户自行选择交流风格、信息接收方式等，以及提供易于理解的隐私设置和个性化偏好调整选项，让用户感受到自己在沟通交互中的主导地位，这是被重视感产生的基础。

从反思层面出发，AI 客服要能学习并表达企业的核心价值观。当用户表达类似观点时，AI 能够巧妙地与之呼应，增强用户的认同感。要做到这点很不容易，这不仅是技术问题，还涉及认知科学、行为营销学等领域。感兴趣的读者可以搜索相关资料来了解。

综上，赋予AI客服提供情绪价值的能力是一项充满挑战的任务。这不仅要求AI具备感知与理解人类情感的能力，还需要它以清晰、恰当的方式表达出对人类情感的理解与共鸣。甚至在某些时候，AI客服要能超越人类现有的思维框架，引领我们进入更加广阔、富有前瞻性的思考领域。

诚然，实现这些目标绝非易事。但随着AI技术的日新月异，人们对新科技的认知不断深化，以及心理、哲学等多学科研究的持续进步，我们有理由相信，AI客服能够在未来成为一位触动心灵、启发思考、引领发展的智慧伙伴，开启一个更加智能、更加人性化的服务新时代。

AI

第 12 章
AI 用户管理：稳定企业核心资产

在数字化时代，用户已成为影响企业生存与发展的核心资产。因此，许多企业将实现用户长久增长视为不懈追求的目标。互联网、移动互联网、大数据乃至 AI 技术的出现和发展，为用户管理带来了前所未有的变革和机遇。AI 技术能精准洞察用户需求，深入挖掘用户价值，以个性化服务和策略为企业和用户搭建起稳固的桥梁，赋能企业深化用户关系，实现智能化用户管理。

用户关系管理的概念在不同行业和不同企业间存在差异，并且与本书前面章节中提到的营销、导购、客服等概念在某些场景下存在重叠。企业在实际经营中划分部门职能时，需要考虑多重因素，包括人员能力、成长历史等。有些企业将客户关系管理视为打造竞争力的引擎，这些内容并不在本书讨论的范畴内。特意将"AI 用户管理"作为本书的结尾章节，旨在完整地讨论和分析这一概念，也有总结归纳的意味。

12.1　当AI遇到用户管理

AI 以其强大的数据分析能力、精准的预测模型和智能化的交互方式，深入到用户管理的每一个环节。它能够从海量的用户数据中提炼出有价值的信息，让企业清楚地了解用户的需求、偏好和行为模式。它还能预测用户的潜在需求和流失风险，帮助企业提前制定针对性策略，将被动的用户管理转变为主动的用户关怀与价值创造。AI 与用户管理的结合，为电商企业提升竞争力、拓展市场份额带来了更多可能。

12.1.1　智能用户分类：定向管理

智能用户分类是指利用 AI 技术，通过用户数据挖掘和行为分析，将电商平台上的用户按照特定维度进行细分，形成不同的用户群体。这些维度可能包括用户的购物频率、订单金额、偏好类别、浏览行为、购买历史等。通过智能分类，电商平台能够更清晰地了解用户的购物需求和消费行为，进而实现精细化管理和差异化营销。

与传统的用户分类方法相比，智能用户分类具有更高的准确性和灵活性。传统方法往往基于用户的静态属性（如人口统计学的年龄、性别、地域等）进行分类，而智能分类则更加注重用户的动态行为和偏好变化。这使电商平台能够更及时、更准确地捕捉用户的需求变化，调整营销策略，提升用户体验。

使用 AI 进行用户分类，企业需要收集数据、提取特征工程、进行建模与训练。

1. 数据收集和准备

（1）数据收集。为了有效实施用户细分，企业需要收集丰富的用户数据，包括用户历史购买记录、网站 /App/ 小程序浏览行为、社交媒体互动情况等。企业可以通过多种渠道获取这些数据，如前端埋点监控、网络爬虫、利用 OpenAPI 进行数据交换、CRM 系统、调查问卷等。

（2）数据清洗和标准化处理。获取数据后，需要对其进行深度清洗与标准化处理，包括剔除重复数据、补充缺失值、处理异常值等，以确保数据的准确性和格式的一致性。

2. 提取特征工程

（1）特征选取。为了构建一个精确度高的用户细分模型，选择恰当的特征至关重要。通常可以从以下几个维度入手：个人属性（如性别、年龄、职业类型等）、消费习惯（如购物频率、偏好的购物渠道等）、用户的兴趣偏好（如感兴趣的话题、关注的群体等），以及特别注重在线互动的"活数据"。

（2）特征提取和转换。选取特征之后，对原始数据进行加工。具体而言，企业可以使用特征提取方法（如计算用户的购买频次），或使用特征转换方法（如将连续型数据离散化），挖掘出隐藏在数据背后更深层次的意义，从而更好地支撑用户细分。

3. 建模与训练

（1）算法选择。可以采用多种 AI 算法进行用户细分。聚类算法可以将具有相似特征的用户划分为一类；分类算法可以为新样本划分类别；预测算法则可以基于历史数据来预测用户未来的行为模式。企业应根据实际需求和数据特点选择合适的算法。

（2）模型训练与验证。构建训练数据集和验证数据集，以训练模型并验证其有效性。企业也可以使用交叉验证的方法评估模型的性能，并根据实际需求来调整模型参数，以提升预测的准确性。

智能用户分类在电商领域应用场景广泛，其中用户分层管理和精准营销是两个最为核心的应用。

1. 用户分层管理

用户分层管理是根据用户的购物频率、消费金额、消费偏好等信息，将用户划分为"普通用户""忠实用户""VIP用户"等不同等级，使其享有不同的服务和权益，从而实现差异化、分层管理。

例如，对于"VIP用户"，电商平台可以提供专属客服、优先发货、免费退换货等增值服务；对于"忠实用户"，可以提供定期优惠券、积分兑换等福利；而对于"普通用户"，则可以通过推送新品信息、限时折扣等方式吸引其转化为"忠实用户"。通过用户分层管理，电商平台能够更有效地满足不同等级用户的需求，提升用户满意度和忠诚度。

2. 精准营销

基于智能用户分类结果，电商平台可以制定更加精准的营销策略。对于高消费群体，可以推送专属商品、限量新品、特权折扣等，满足其高频次、个性化的购物需求；对于潜力用户，可以推送符合其兴趣的商品深度介绍、同圈层用户的评价，增加转化机会；对于新注册用户，可以通过首单优惠、新手礼包等方式吸引其首次购买。

精准营销不仅能够提升营销效率，降低触达费用，还能够提升用户体验，增强用户对平台的信任感和归属感。通过智能用户分类和精准营销，电商平台能够实现用户价值最大化，推动平台业务持续增长。

随着用户数据不断累积，用户分类模型得以持续优化，提高分类的准确性。这使电商平台能够更及时地捕捉用户需求变化，调整营销策略，与用户保持紧密联系。

12.1.2 AI促进CRM系统升级

过去十几年间，随着GDP增长及零售行业发展，各企业都不同程度地投入人力物力构建自有CRM系统。AI技术的引入带动传统CRM系统升级，提升其智能化水平，在企业与消费者互动过程中创造更大的价值。

在推动企业自有CRM系统升级方面，AI有着广泛的应用场景，如图12-1所示。

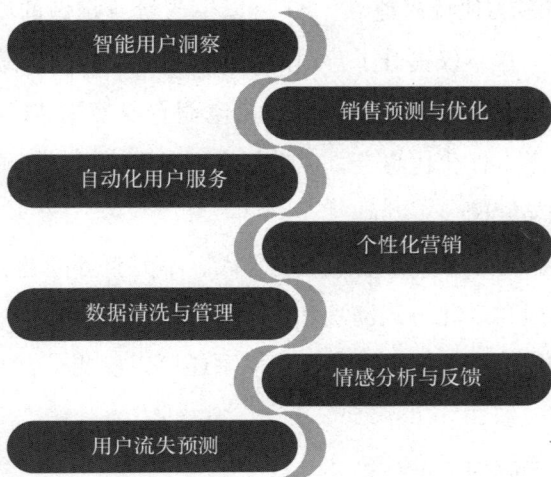

图12-1　AI在推动CRM系统升级方面的广泛应用

1. 智能用户洞察

基于深度学习和自然语言处理等先进技术，AI可以自动分析海量的用户历史交易记录、浏览行为及其他相关数据，构建出详细的用户画像。电商平台借此可以深入了解每一位用户的需求和偏好，进而提供更加个性化的服务。例如，某知名电商平台利用AI对用户的购物习惯进行深入挖掘，并据此推出定制化推荐列表，显著提升了用户体验和平台销售额。

2. 销售预测与优化

借助机器学习算法，AI可以从历史数据中找出规律，预测未来的销售趋势，帮助商家提前做好库存准备或调整营销策略。同时，它还能识别出最有潜力成交的目标用户群，指导销售人员优先跟进高价值订单，提高转化率。例如，Zoho CRM的智能助手Zia可以基于历史销售数据评估每个销售机会的成功概率，并给出具体的行动建议。

3. 自动化用户服务

AI驱动的聊天机器人和支持语音交互的虚拟助手已经成为电商标配。它们不仅能够全天候不间断地响应用户的咨询，还能处理复杂的请求，如账户查询、退换货等。

4. 个性化营销

根据每位访客的独特兴趣点，AI可以生成量身定做的广告文案、邮件内容或商品推荐。这不仅提升了营销活动的针对性，也让消费者感受到被重视，有助于提升其品牌忠诚度。例如，某电商企业使用AI工具根据用户的历史购买记录推送个性化优惠券，成功提升了复购率。

5. 数据清洗与管理

传统CRM系统往往面临数据重复录入、不完整等问题，影响决策准确性。AI则可以通过自动化方式清洗和整理数据，确保数据库中的每一条记录都是准确无误的。诸如Zia这样的智能助手还可以检测、合并重复的用户条目，维护数据的一致性。

6. 情感分析与反馈

通过自然语言处理技术，AI可以解读用户的评论、留言甚至是其在社交媒体上的动态，感知他们的情绪状态。例如，AI可以识别出有负面情绪的用户，帮助企业及时干预，解决用户问题，维护用户关系和品牌形象。

7. 用户流失预测

通过监测并分析用户的购买行为、购买频率、互动行为等数据，AI可以识别出流失风险高的用户，帮助企业及时采取挽留措施。例如，企业可以通过提供优惠券、增加与用户的互动等方式挽留流失风险高的用户，以降低用户流失率，提升用户忠诚度。

拼多多是我国主流电商应用平台，凭借独特的拼团模式及庞大的用户基数迅速崛起，已成为我国电商市场中最成功的企业之一。

拼多多利用大数据和深度学习模型深入挖掘用户的浏览行为、购买行为和消费偏好等，构建了全面的用户画像。这使拼多多能够更准确地理解用户需求，为个性化推荐打下坚实基础。基于智能算法，拼多多的商品推荐逻辑逐渐从单品拓展到品类乃至场景。

例如，用户搜索"古典风餐桌"，拼多多不仅给用户推荐餐桌，还会推荐椅子、灯具、桌布等。这种基于用户数据，借助智能算法向用户推荐生活方式的做法，提高了用户转化率，为用户提供了全新的购物体验。

拼多多还探索"分布式 AI"的应用，为每位用户分配一个"AI 代理"，以深入挖掘用户的潜在需求。"分布式 AI"不是聚焦于用户的购物行为，而是挖掘行为背后的用户心理、社交互动等，从而完善用户画像。"分布式 AI"能够实现用户细分，促进用户间经验共享，缩短决策时间，并借助深度学习模型和个性化推荐算法，挖掘用户之间、商品之间及用户和商品之间的内在关联，从而实现精准推荐和高成交率。

12.1.3　UNice：实现客户服务自动化

UNice 是一个以假发销售为主要业务的跨境电商品牌，其借助 Zoho CRM 成功打造了"销售—沟通—服务"闭环，实现了客户服务自动化，降低了人力成本。

随着 UNice 的业务规模不断扩大，来自不同营销渠道的访客数量急剧增加，单月官网访客量可达四五十万人次。面对如此庞大的流量，UNice 需要解决 3 个关键问题：

（1）有效汇总和管理来自多个渠道的用户信息；

（2）在官网上及时响应来自世界各地买家的问题并促成交易；

（3）持续进行客户关怀以维护长期关系。

UNice 选择引入 Zoho One 企业管理软件套件，以打破信息碎片化并削减信息化成本。

客户转化率是跨境电商企业关注的一个关键指标，而深入了解客户是提升转化率的基础。UNice 借助 Zoho CRM 的 SalesIQ 在线智能客服及时获取访客信息，如位置、过往访问记录、访问路径等，以此与访客积极互动。

SalesIQ 还会根据对访客的评分，将其划分为重点访客、一般访客和冷门访客，方便企业有针对性地跟进，促进销售。同时，它能实时监控店铺流量，客服可据此为访客提供个性化服务，进而提升销售额。

面对跨境电商行业的激烈竞争，UNice 逐渐认识到建立一个以客户为导向的服务管理体系的重要性。与此同时，不断增长的专业人才需求和随之而来的人工成本上升问题也越发尖锐。

UNice 采用 Zoho Desk 客户服务管理系统梳理客户服务流程，实现了对细节的精细化管理，提升了执行效率，控制了运营成本。并且，建立了可随时查询的知识库，确保数据共享，打破信息孤岛，提升内部协作效率，减少培训时间和人力资源开支。Zoho Desk 的移动应用程序让客服人员可以在任何时间任何地点保持顺畅沟通，实现随时随地高效协同。

客户往往希望企业提供多样化的服务渠道，但同时也希望避免因不同渠道间的信息断层而导致问题重复描述或延迟响应。为此，UNice 采用 Zoho Desk 的多渠道客服管理系统，整合了邮件、网页等多种沟通渠道，实现统一接入、统一视图和统一服务。

在实际应用中，当客户通过邮件或网页提交售后服务请求时，UNice 的客服人员无须切换平台即可在一个地方处理所有问题，并且任何客服人员接手都能了解完整的历史记录，确保问题得到快速解决。一体化管理提高了整体服务质量和效率，还为管理层提供了详尽的数据分析报告，使营销效果一目了然。

Zoho CRM 作为引入 AI 技术的云端客户关系管理系统，有助于高效管理客户数据、销售流程和客户服务，从而推动 UNice 业务增长，实现以客户为中心的发展战略。

12.2 公域用户管理：从触达到成交

在国内市场增量放缓、存量经济高度竞争化的背景下，电商企业面临公域流量成本上涨和获取新用户的挑战。AI 的引入为解决这些问题提供了创新性的解决方案。通过智能化数据处理和分析，AI 赋能电商企业更有效地管理和激活公域的用户资源，帮助电商企业精准定位目标用户，实现个性化触达和沟通，并引导用户从公域进入私域。

12.2.1 AI赋能公域用户触达

随着技术的飞速发展及获取用户注意力的成本提高，电商企业从传统的

"广撒网"式营销转向更加精准、个性化的用户触达。基于用户画像精准触达用户，已成为电商企业提升市场竞争力、优化投产比、实现业务增长的关键。

用户画像是电商企业理解用户需求、预测用户行为、制定营销策略的重要工具。它基于用户在平台上的行为数据，如浏览记录、购买历史、搜索关键词、评价反馈等，通过算法模型进行深度挖掘和分析，形成对用户兴趣、偏好、需求等多维度特征的全面描述。

借助深度神经网络，AI 大模型可以从多个渠道、多个角度的用户数据中挖掘出用户特征，为用户打上标签，形成全面、精准的用户画像。例如，基于自然语言处理技术的 BERT 大模型可以解析用户的文本数据，从中捕捉语义信息和用户情感特征，生成用户文本画像；基于计算机视觉技术的 ResNet 大模型可以从用户的图像数据中挖掘用户的视觉特征，从而生成用户图像画像。将多种类型的用户画像整合起来并深入分析，就可以得到一个更立体、更全面的用户画像。

基于用户画像，电商企业可以在公域更有目的性地选择目标受众。这主要体现在以下几个方面。

（1）AI 驱动的程序化广告购买。借助实时数据分析和机器学习算法，广告主能够在合适的时间、以合适的价格向目标受众展示最相关的广告。这极大地提高了广告投放的效率和效果。

（2）面向潜在客户的精准推荐。通过分析用户画像中的消费习惯、购买潜力等特征，电商企业可以制定差异化的营销策略，如定向广告、优惠券推送、限时折扣等，以吸引用户的注意力并促使其采取行动。例如，动态创意优化（Dynamic Content Optimization，DCO）就是面向潜在客户实现"千人千面"的营销推荐。

（3）智能导购。利用 AI 技术，结合深度学习和大数据分析，实现对用户（包括潜在用户）购物需求的精准理解与个性化推荐，从而为其带来更加智能、便捷的购物体验。

以国内领先的互联网巨头阿里巴巴为例，其在赋能电商企业根据用户画像实现公域精准触达方面取得了显著成果，这主要体现在其子公司阿里妈妈所提供的服务上。阿里妈妈结合大数据、AI 和程序化购买技术，为品牌和商家提供以下解决方案。

（1）用户画像与精准定位 Uni ID 系统。阿里妈妈推出了 Uni ID（消费者统一身份识别体系），整合来自淘宝、天猫、支付宝等多个平台的用户消费数据、兴趣数据和社交数据，立体描绘每位用户的画像，使品牌能够在广告投放时精准定向，提高转化率。

（2）动态创意优化。阿里妈妈"创意中心"提供智能创意生成服务，包括智能制图、智能剪辑、智能文案等功能。这些工具帮助品牌快速生成符合用户偏好的广告内容。阿里妈妈还通过 AI 技术实时监测广告投放效果，并根据用户反馈自动调整广告内容。

（3）实时监测和效果分析。通过 Uni Desk 产品，电商企业可以对广告营销活动进行跨媒体链路流转分析，识别高价值用户并评估不同媒体投放的表现特点。

12.2.2　AI加速公域用户转化

关于 AI 技术带来的强大数据处理和分析能力，快速处理海量数据，从中发现隐藏的模式和预测未来趋势，本书已经探讨了很多。这一节聚焦 AI 赋能电商公域用户管理从而提升转化，以强调其带来的实时响应和深度个性化互动。

这种实时响应和深度个性化互动不仅限于国内用户所熟知的主流电商平台中的商品推荐，如"千人千面""猜你喜欢"，还包括内容定制、客户服务等多个方面。

（1）内容个性化定制。AI 能够根据用户的兴趣偏好，推送个性化文章、视频、直播等内容。这些内容不仅丰富了电商平台的内容生态，也通过情感共鸣、知识分享等方式，加深了用户与平台的连接，增强了用户黏性。

抖音平台的成功很大程度上源自 AI 驱动的内容分发。现在不止抖音，几乎所有主流电商平台及平台上的商家都在利用个性化内容提升消费者购物体验，推动消费者沿转化通道流转。

（2）交互式客户服务。AI驱动的聊天机器人能够提供全天候不间断服务，解答用户问题并提供即时帮助。它们不仅能模拟人类对话方式回答常见问题，还能根据上下文理解用户意图，给出更为贴切的答案。随着交互次数的增加，AI客服会不断积累经验，变得更加聪明和贴心，从而显著提升用户满意度。

（3）互动活动和直播。AI还被应用在支持电商企业开展多种形式的互动活动，以吸引用户的关注和参与。游戏化互动和直播是近年来电商企业吸引用户注意力的重要手段，能够提升用户参与度，增加互动的趣味性。

直播电商作为新兴且高效的销售模式，已经在电商市场中占据了很大份额。抖音、快手、淘宝直播等直播平台的崛起，使品牌能够通过实时互动，以更加生动、直接的方式与用户沟通。AI与直播的结合，进一步提升了互动体验，增强了商家与用户的情感连接，提高了用户转化率。以下是一些具体的结合场景。

1. 智能实时互动与个性化服务

借助AI，品牌可以实现更深层次的个性化服务。例如，AI数字人主播不仅可以即时回答观众的问题，还能根据用户偏好提供高度定制化的商品推荐。基于先进的语音识别和自然语言处理技术，数字人主播能够确保交流顺畅自然。此外，AI还可以帮助主播快速分析弹幕中的信息，及时调整话题或推出相关产品，使整个直播更加高效。

2. 互动游戏与奖励机制

为了提升用户参与度，品牌可以在直播中引入AI设计的互动游戏和奖励机制。这不仅能提升直播的娱乐性，还能有效刺激用户购买。例如，AI可以根据用户的历史数据生成个性化挑战任务，用户完成特定目标即可赢取专属优惠券或其他奖品。

3. 创意内容生成

AI可以协助品牌策划富有创意的直播活动，包括但不限于与名人合作、举办特别主题日活动等。借助AI，品牌能够更高效地生成高质量的内容脚本和视觉素材，同时利用数据分析选择最合适的合作伙伴，最大化传播效果。

4.情感化沟通

品牌故事、用户案例、品牌文化等，能够助力品牌传递其核心价值，与用户建立深厚的情感连接。AI可以自动收集来自不同渠道的正面用户评价、真实反馈等，形成一个完善的、内涵丰富的品牌故事。在直播中，品牌可以分享这个故事，展示品牌的价值观、理念等，以引起用户的情感共鸣，促进用户转化。

在用户转化方面，AI还能够帮助电商企业识别用户在不同生命周期的需求和偏好，并制定相应的用户成长路径和管理策略。例如，在用户新进入阶段，通过个性化推荐和优惠活动吸引用户注册购买；在用户活跃阶段，通过定期推送新品信息和专属优惠维持用户的购物热情；在用户流失阶段，通过召回活动和关怀服务重新激活用户。这种全生命周期的管理策略有助于延长用户生命周期，提升用户转化率。

12.2.3　AI推动公域用户成交

用户价值不仅体现在其带来的经济效益上，还体现在其对企业品牌形象和口碑的影响上。准确评估用户价值有助于电商企业瞄准高价值用户并制定成交策略，提升资源利用效率。电商企业可以借助AI，从以下几个维度深入分析，找到电商平台公域中的高价值用户并促使成交，如图12-2所示。

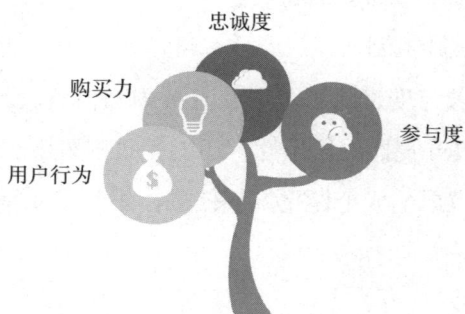

图12-2　评估用户价值的维度

1.用户行为

通过分析用户浏览的商品类别、搜索的关键词等，AI可以帮助电商企业挖掘用户的兴趣点和购买意向。通过分析用户点击行为，AI可以识别出用户对不同商品或功能的关注度，从而推断出用户的购买偏好。AI还可以追踪用户的购买流程，分析用户在购买过程中的决策点，优化购买路径，提高转化率。

2. 购买力

通过分析用户的购买记录、消费金额及购买频率等数据，AI能够准确评估用户的购买力水平。高购买力用户通常具有更高的消费能力和购买潜力，是电商企业的重要目标用户群体。AI可以根据用户的购买力水平，为电商企业提供个性化的推荐和营销策略，如针对高购买力用户推出高端产品或定制化服务。

3. 忠诚度

忠诚度是衡量用户对电商平台长期贡献和黏性的重要指标。AI可以分析用户购买商品的频率和时间间隔，了解用户的购买习惯，从而判断用户的忠诚度；通过分析用户的复购行为，AI可以评估用户对平台的依赖程度，通常复购率高的用户具有更高的忠诚度；AI可以通过分析用户对平台的评价、反馈等数据，了解用户对平台的认可程度，进一步评估用户的忠诚度。

4. 参与度

参与度是衡量用户在电商平台活跃程度的重要指标。AI可以分析用户在平台上的登录频率、浏览时长等数据，了解用户活跃程度。通过分析用户的评论和分享行为，AI可以了解用户对商品的满意度和对平台的认可度，进一步评估用户的参与度。

基于以上分析，AI可以构建一个综合评估模型，赋予不同指标合理的权重，加权得出综合价值分数。通过该模型，商家可以对用户进行分类和排序，进而制定针对不同用户的个性化推荐和精准营销策略。

例如，对于综合价值分数较高的用户，商家可以推出定制化服务、专属优惠等，提高用户满意度和忠诚度；对于具有一定购买力和参与度但忠诚度不高的潜力用户，商家可以通过优化购物体验、提供个性化推荐等方式，提升用户忠诚度和参与度；对于综合价值分数较低的用户，商家可以通过分析用户的行为数据来了解其需求和痛点，从而优化产品和服务，提高用户满意度和转化率。

借此介绍一下 RFM 模型，这是电商或者零售商业最常用的评估用户价值的工具，它根据用户最近一次购买时间（Recency）、购买频次（Frequency）和消费金额（Monetary）3 个指标来评估用户价值。电商企业可以借助 RFM 模型，将用户划分为不同的类别，从而有针对性地进行营销和服务。

（1）高价值用户。这类用户消费金额高，购买频率高，最近一次购买时间较近。他们往往是企业的拥趸，高度认可、信赖企业及其产品。针对这类用户，企业可以提供定制化服务和优惠，以维持其忠诚度，延长其消费周期。

（2）一般保持用户。这类用户购买频率高，但消费金额低，对企业的忠诚度不高。企业需要借助多样化的营销活动，如定期为其推送促销优惠信息、发放优惠券、推送新品信息等，来增强其购买意愿。

（3）一般发展用户。这类用户最近一次购买时间较近，但消费金额较低，购买频次较少。针对这类潜在高价值用户，企业需要通过多样化营销活动、精准推送营销信息等来激发其购买欲望。

（4）待激活潜在用户。这类用户消费金额较低，购买频次较少，且最近一次购买时间较远。他们可能对企业和产品缺乏深入了解，企业需要进行更深入、更频繁的针对性宣传推广（如提供首次购买优惠）将其激活。

利用 AI 技术，电商企业可以更简单便捷地构建复杂模型，更全面地评估用户价值，避免简单粗暴地追逐单一短期目标，陷入"局部最优，全局不优"的陷阱。这是国内很多企业经常遇到的误区。

12.3 私域用户管理：从关怀到复购

随着电商市场存量竞争白热化，"私域"成为国内电商企业提及的高频词汇。私域是指商家通过电商平台、社交媒体等渠道提供的工具或者自建的数字化触点直接与用户建立联系，并在此基础上进行交易的模式。这种模式使商家不再依赖传统电商平台（如淘宝、天猫、京东等）所提供的公域流量，而是通过积累和管理自己的私域流量来实现销售。

AI技术的应用可以助力电商企业精准把握私域用户的行为特征和需求偏好，深度挖掘用户价值，实现个性化、智能化营销与服务，全方位提升私域用户管理效能。

12.3.1 AI创新私域用户关怀模式

在对很多电商头部企业家的访谈中，我都可以感受到他们对于流量红利消退的焦虑。2020年至今，变"流量"为"留量"成为大部分电商企业提出的转型口号。在这个背景下，电商企业对于私域运营的投入是确定的，结果却大相径庭。投入和重视的程度、对用户需求和行为的理解、运营思路（如传递品牌故事和低价促销间的平衡等）都是可能的原因，不过本书暂不讨论。下面聚焦AI技术的应用在提升效率、增强个性化体验及优化决策等方面的作用。

在私域运营中，内容生产是最消耗人力的工作之一，但同时也最容易实现自动化。借助成熟的结构化提示词和自然语言处理技术，AI能够根据产品特点和目标受众的需求，快速生成高质量文案，如欢迎语、早报、转发文案等。这不仅节省了大量的人力成本，还保证了内容的一致性和专业性。例如，通过设定特定角色，如"资深营销文案专家"，AI可以模仿品牌的语气和风格来撰写吸引消费者的短文案。

此外，AI还可用于生成个性化的对话脚本，用以指导客服人员与用户交流。这可以提高沟通效率，确保信息传递准确无误。更重要的是，AI生成的话术可以根据不同场景灵活调整。例如，针对新老用户分别设计独特的问候方式或促销方案，提升服务针对性，增强用户体验。

对于电商平台而言，提供及时有效的服务是保持良好用户体验的重要前提。然而，运维私域群如果完全依赖人工客服，其成本不是每个企业都可以承担的。AI辅助的智能客服成为解决这一问题的有效途径。智能客服基于深度学习算法构建，能够在短时间内理解用户意图，并从庞大的知识库中检索出最合适的答案。

当用户向客服提问时，AI会尝试解析问题的核心要素，然后给出一些备选回复供客服选择。这既保证了回答的专业性，又给予了员工一定的灵活性编辑最终发送的消息。电商企业也可以直接让AI接管部分简单查询，以释放人力资源，使他们专注于解决更复杂的问题。

如今，很多AI客服解决方案都支持多语言服务，这意味着即使是在拓展国际市场的过程中，电商企业也能为来自不同国家和地区的用户提供无沟通障碍的服务，促进全球化业务发展。

除了传统的售前售后支持，AI也可以在提升社群活跃度方面发挥作用。在微信群或者论坛中，AI可以扮演"接话员"或者"主持人"的角色。它不会直接回答问题，而是巧妙地分析话题并提出相关建议，鼓励其他成员参与进来。这样做不仅能活跃气氛，还能加深成员之间的联系，形成良好的社区文化。

例如，当有人提出关于某个产品的疑问时，AI可能会说："群里有小伙伴了解吗？我觉得这个问题可能是因为……，我是从……这几个角度思考的，了解的小伙伴可以进行专业解答。"这样的回应既体现了对发言者的尊重，又为其他人提供了思考的方向。随着时间推移，这种积极正面的态度将逐渐建立起信任感，吸引更多人分享自己的见解。

AI还可用于群消息统计分析工作中。通过对聊天记录的大数据分析，企业可以获得宝贵的信息，如热门话题、活跃时间段、个体贡献度等。这些数据不仅可以帮助企业更好地规划未来的活动安排，还能够揭示潜在的机会点，如发现需要改进的服务环节。

利用AI进行情感分析还可以帮助电商企业识别出负面情绪较高的帖子，并采取相应措施加以干预。例如，在检测到连续几条不满言论后，系统可以自动触发预警机制，提醒相关部门立即跟进处理。这种预防性做法有利于维持健康的社区生态，避免小问题演变成大危机。

综上所述，在私域环境中，AI已经成为电商企业不可或缺的得力助手。无论是内容创作还是客户服务，抑或是社群管理、数据分析，AI都有发挥的空间，可以提升效率，降低成本，增强用户价值感知。

12.3.2　AI优化私域用户推荐

AI 赋能电商企业在私域中进行个性化推荐的基础在于对海量用户数据的深度挖掘与分析。用户通过微信小程序、企业专属 App 等各种渠道进入企业搭建的私域流量池，其一系列行为数据都会被 AI 收集。例如，浏览的商品类别、具体商品页面及在每个页面的停留时长，购买的商品种类、购买时间、购买频率、消费金额等，以及搜索关键词及用户在平台内的点赞、评论、分享等互动行为。

通过对多维度数据的整合与分析，AI 能够构建出细致且精准的用户画像，明确用户独特的兴趣偏好、消费习惯和购买倾向。

基于精准的用户画像，AI 能够为用户提供高度契合其需求的个性化推荐。在商品推荐方面，AI 不仅能够根据用户过往购买与浏览记录为其推荐相似或相关的产品，还能结合市场趋势、新品发布等信息，为用户推送符合其潜在需求的新产品。例如，对于一位经常购买摄影器材的用户，AI 除了推荐同类型的热门镜头、相机配件外，还会及时为其推送新款相机的上市信息。

个性化推荐的内容形式丰富多样。除了单纯的产品展示，还包括基于用户兴趣的知识科普、行业资讯、使用教程等。以美妆领域为例，针对关注某一特定品牌口红的用户，AI 可以推送该口红不同色号妆容搭配教程、化妆技巧，以及品牌新品的研发背景、成分解析等内容，从而增加用户对推荐内容的关注度与认同感。

AI 驱动的个性化推荐在扩大私域流量池方面具有显著成效。从新用户获取角度来看，精准的个性化推荐能够吸引潜在用户主动进入私域。通过在公域平台或其他渠道投放基于个性化推荐算法生成的广告内容，当潜在用户看到与自身兴趣高度匹配的产品推荐或相关信息时，他们更有可能对企业品牌产生兴趣，进而主动关注企业的私域账号，进入其私域流量池。

例如，一家运动品牌通过分析用户在社交媒体上的运动兴趣标签、健身器材搜索记录等数据，在社交媒体平台向潜在用户精准推送个性化运动装备广告，吸引了大量对运动产品有需求的新用户关注其私域账号。

在提升用户留存率方面，个性化推荐起着关键作用。当用户在私域平台持续接收到与自身需求紧密相关的推荐内容时，他们会感受到平台对其个人需求的重视，从而提升对平台的好感度与忠诚度，更愿意继续留在私域中，与企业保持长期的互动关系。用户留存率的提高意味着私域流量池的稳定性增强，为流量池的进一步扩大奠定了坚实基础。

AI个性化推荐还能有效提升用户的活跃度与分享意愿。当用户在私域平台中发现推荐内容能够满足其多样化需求，且不断带来新的惊喜与价值时，他们会更频繁地参与平台的各种活动，如参与话题讨论、参加线上促销活动等。满意度高的用户更有可能将私域平台推荐给身边的亲朋好友，通过口碑传播的方式为企业私域流量池引入新用户。例如，一个美食电商私域平台通过AI为用户推荐个性化的食谱与食材搭配建议，用户在尝试并感到满意后，会在社交平台分享自己的购物体验与烹饪的美食，从而吸引更多潜在用户加入该私域平台。

AI为电商企业在私域运营中实现精准的个性化推荐提供了强大的技术支持。通过对用户数据的深度分析，AI生成高度个性化的推荐内容，不但能够有效吸引新用户进入私域，提升用户留存率，还能激发用户的活跃度与分享意愿，从而推动私域流量池持续扩大。

电商企业应充分利用AI技术，持续优化个性化推荐策略，以更高的投资回报率（ROI）拓展私域流量增长空间，以适应不断变化的市场环境与竞争挑战。

12.3.3　AI提升私域用户复购率

互联网、移动互联网彻底改变了我们的生活方式，消费者的购物行为早已不再是简单的线性过程，充满了复杂性和不确定性。AI强大的数据处理和分析能力能够助力企业全方位、深层次地洞察用户的每一步行动。

AI可以整合多渠道数据，包括网站浏览记录、社交媒体互动、客服沟通记录等。通过对这些数据的实时收集和分析，电商企业能够构建出完整且精准的用户画像。例如，通过分析用户在电商平台上的浏览历史，AI可以精准判断其对不同品类产品的兴趣偏好，结合用户在社交媒体上发表的言论，进一步了解用户的生活方式和消费观念。

消费旅程可以被简化提炼为 6 个阶段，即构思、认知、考虑、购买、成为客户、复购、口碑传播。在消费旅程的不同阶段，AI 都能发挥关键作用，帮助企业更好地理解消费者行为和意图。

例如，在构思和认知阶段，AI 可以监测用户通过何种渠道首次接触到品牌，是搜索引擎、社交媒体，还是被广告覆盖，或者是朋友推荐等。这有助于企业明确最有效的获客渠道，合理分配营销资源。

在考虑阶段，AI 通过分析消费者对产品的比较行为、停留时间、咨询内容等，了解他们的关注点和犹豫点，从而为企业优化产品介绍、突出产品优势提供方向。在购买阶段，通过分析消费者的购物车数据、支付行为等，预测购买转化率，并及时推送个性化的促销信息或提供客服支持，促进交易达成。

复购是用户转化为忠实粉丝并开始口碑传播的基础，复购率是衡量用户忠诚度的重要指标。AI 可以综合考虑多种因素来进行复购预测。首先，用户的购买历史是重要依据，包括购买频率、购买金额、购买产品种类等。例如，某用户过去频繁购买某品牌的特定产品，且购买金额较高，那么 AI 会基于这些数据判断其有较高的复购潜力。

其次，用户行为数据也不容忽视，如浏览行为、互动行为等。经常浏览品牌新品页面或参与品牌线上活动的用户，往往对品牌具有较高的关注度，复购可能性相对较大。前文讨论如何定义用户价值时提及的 RFM 模型也非常普遍地应用在建立复购预测模型（又称流失预测模型）上。

基于复购预测，电商企业能够实施针对性的营销策略。对于高复购可能性的用户，企业可以提供专属的会员权益、优先购买权或个性化新品推荐，进一步提升他们的忠诚度和购买频次。对于复购可能性较低的用户，企业则可以通过发送定向优惠券、开展专属促销活动等方式，激发他们的购买欲望，提高复购率。

众多电商企业已经在私域运营中引入AI技术，并取得了显著成效。以某美妆品牌为例，通过引入 AI 驱动的消费旅程分析工具，追踪分析用户在不同渠道的行为路径，发现很多用户的典型路径是在社交媒体上看到产品推荐后，先到品牌官网查看产品详情，再到线下门店试用，最后才决定购买。基于这一洞察，品牌加强了线上线下联动营销，在官网和社交媒体上为线下门店引流，同时在线下门店提供线上专属优惠，提升了转化率。

在复购预测方面，某母婴电商平台利用 AI 算法对用户数据进行分析，准确识别出即将需要再次购买奶粉的用户。平台提前向这些用户推送个性化奶粉促销套餐，提高复购率，并且增加了用户的购买金额。

AI 为电商企业的私域运营注入新的活力。通过高效全面的消费旅程分析和复购预测，电商企业能够更深入地了解用户需求，优化营销策略，提升用户体验，从而在激烈的市场竞争中获得生存和发展空间。放眼未来，积极拥抱创新技术，持续探索 AI 落地场景，将成为电商企业实现可持续发展的关键。